辉煌中国
MODERN CHINA'S
INGENUITY

辉煌中国
MODERN CHINA'S
INGENUITY

“辉煌中国”丛书

经略陆海

中国港口

米金升 李群 赵妮娜 编

CIPG China Foreign Languages Publishing Administration 中国外文出版发行事业局
外文出版社 FOREIGN LANGUAGES PRESS

总　序

习近平总书记指出："中国发展道路，就是中国特色社会主义道路。我们走这条道路，是历史的选择、人民的选择。"

新中国成立 70 多年来，特别是改革开放 40 多年来，中国人民沿着这条道路取得了举世瞩目的成就。中国已成为世界第二大经济体，14 亿人民生活不断改善，创造了人类减贫史上的奇迹，中华民族实现了从站起来、富起来到强起来的伟大飞跃。

回望，是为了更好地出发。"辉煌中国"丛书，旨在全面反映中国各领域发展成果，特别是党的十八大以来党和国家各项事业发生的历史性变革和取得的巨大成就，深刻解读自新中国成立以来党和人民的奋斗实践，深刻解读中国历史性变革中蕴藏的内在逻辑，讲好中国共产党故事，讲好新中国故事，讲好新时代中国特色社会主义故事。

公路成网，铁路密布，高坝矗立，西气东输，南水北调，神舟飞天，嫦娥奔月，蛟龙入海，高铁纵横，世界第一制造大国出品的大国工程、大国重器，给了我们中国底气。

人民幼有所育、学有所教、劳有所得、病有所医、老有所养、住有所居、弱有所扶，物质文明和精神文明双丰收的行业成就，处处彰显了中国实力。

经济特区、沿海开放城市、自由贸易试验区、少数民族地区、特色旅游城市，多姿多彩的中国省市释放出中国活力。

工程重器、行业成就、省市发展，见证了中国人民筚路蓝缕、砥砺奋进，沿着中国道路一路走来的不易与艰辛，也见证了中国的今天，是中国人民干出来的。

眺望，是为了找到前行的方向。2021年是中国共产党成立100周年，在中国特色社会主义进入新时代的当下，在两个“一百年”的交汇期，中国人民正在中国共产党的领导下，为把中国建设成为富强民主文明和谐美丽的社会主义现代化强国而奋斗。希望这套书能够帮助我们在见证中国辉煌成就的同时，站在新的历史方位，踏上新的征程。

杜占元

中国外文出版发行事业局局长

2020年12月

前　言

当我们使用手机的时候，多数人可能都意识不到，手机是由来自超过十个国家的近千家企业提供的零部件组装而成的。比如，中国华为生产的手机，其零部件来自欧洲、日本、韩国等数以百计的企业；美国苹果生产的手机，需要中国、日本、东盟、欧洲等国家和地区的数百家企业为其提供配件。围绕一个小小的手机，全球形成了一个长长的产业链，货物贸易在其中发挥着基础性作用。

这是全球贸易的一个缩影。通过贸易交换来推动发展是现代社会的基本特征。

世界与港口

全球贸易推动着世界经济全球化，由此也不断推动着世界经济格局的变化。在农业文明时代，世界经济的发展重心往往集中在一些气候较适宜农业发展的地区。随着经济全球化的发展，世界经济的重心不断向沿海移动。

今天，世界经济总量主要集中在沿海岸带 300 公里之内的地区。改革开放 40 多年来，中国东南沿海地区成了经济发展最快的地方，也成为世界经济发展最快的区域。

因此，可以说，世界范围内沿海地区的迅速发展和世界经济全球化，互为支撑、循环发展。在这种循环发展的背后，有两方面的动力。一方面，世界各国持续进行制度性变革，不断深化全球贸易的自由化和便利化；另一方面，远洋运输技术的进步，不但降低运输成本，进而降低贸易成本，让更多的国家参与到全球分工、全球贸易中来。

根据世界贸易组织发布的《全球贸易数据与展望》，2018 年，全球商品出口总额约为 19.5 万亿美元，全球商品进口总额约为 19.9 万亿美元。也就是说，这一年共有近 40 万亿美元的商品货物在国际间交换。这个数据与之前相比可能并不如意，因为在进入 21 世纪的 20 年中，前 10 年全球贸易狂飙猛进，后 10 年相对疲软，但这仍然算是一个惊人的总量。

我们无法描述全球贸易中通过港口运输货物的价格。一般认为，在全球货物贸易中，有三分之二是通过海运来完成。换算成重量，2018 年全球海运贸易量约为 110 亿吨。这个数字可能是近 5 年的平均值。

所有这些，都要依靠世界各地海岸线上大大小小的港口来实现。港口就像车站，码头泊位就像站台，是船舶停靠、人和货物上下船舶的交汇点，港口成为现代社会最重要的基础设施。

对世界上绝大多数国家而言，港口是国家基础设施的一部分，但港口的战略意义远远超越一般的基础设施，因此成为一个国家综合国力的重要组成部分。

中国与港口

我们无法了解全球码头的总量，但对中国码头的数量有着较为精确的统计数据。2020 年，中国港口拥有万吨级及以上泊位 2592 个，其中沿海港口万吨级及以上泊位 2138 个。2020 年，全国港口货物吞吐量完成 145.5 亿吨，港口集装箱吞吐量完成 2.6 亿标箱，港口货物吞吐量和集装箱吞吐量都居世界第一位。如果把这些集装箱头尾相连排列起来，可能会超过两百万公里。

我们还无法计算这些货物的价格，不过一个可以参考的数据是，中国货物进出口从 2015 年的 3.95 万亿美元，增加至 2020 年的 4.65 万亿美元，保持全球第一，规模和国际市场份额均创新高。

因此，可以说，港口是新中国成立以来国家建设的重要基础，是改革开放以来创造经济奇迹的重要基础。这些沿海港口，分布在中国长达 1.8 万公里的海岸线上，给人们带来新的生活，给城市带来了繁荣，并改变着国家的整体面貌。

沿海城市发展的根本性条件是港口。近百年世界经济的发展就是全球化发展的不断深化，全球分工和全球贸易是具体的表现。无论是飞机、轮船、高铁这样的大家伙，还是手机、电脑、家电这样的小个头，都离不开全球贸易和全球分工。在这样的链条中，每一个企业都希望有着边界的物流运输，每个城市都希望能够直接参与全球贸易全球分工。因此，每个企业都愿意在那些交通发达、辐射世界的城市安家落户，每个城市都希望拥有通往世界各地的港口，能够开展国际贸易。于是，港口作为基本平台，有了组织外贸、发展工业和相关产业的功能。可以说，港口推动城市经济高速发展，从而为中国沿海港口城市的发展带来了机遇。

不过，沿海城市一般缺少现代经济发展的基础性资源，中国东部沿海城市也是如此。中国的煤炭、矿石资源主要在内地和北方。因此，沿海城市需要大量的资源，需要通过水运这种最低成本的运输方式来实现。例如，中国煤炭集中在山西、陕西、蒙西所谓的“三西”地区，这些地区的煤炭通过火车运输到北方港口，然后换乘轮船运输到东南沿海城市。港口就成了重要的基础设施，整体上推动了中国资源的协调使用，进而推动中国经济的发展。

石油和钢铁是现代工业的骨架和血脉。近年来，中国逐渐成为一个石油进口大国，发展钢铁工业所需要的大量铁矿石也需要进口。来自中东国家和非洲国家的石油，来自巴西、澳大利亚、南非等国家的铁矿石首先被大型船舶运输到东部港口，进入石油工厂和钢铁工厂，工厂生产出的汽油、化工产品、钢铁产品在满足当地需求的同时，次第流通到内地。也就是说，港口在保障北煤南运、原油和铁矿石进口等方面发挥着巨大且不可替代的作用。由此也推动了中国港口的现代化发展。1980 年，中国沿海港口的吞吐能力是 2.6 亿吨，2000 年增加到 14.2 亿吨，2018 年接近 100 亿吨。

与此同时，中国沿海港口集装箱的吞吐量达到了 2.2 亿标准集装箱。如此巨大数量的集装箱需要以最高的效率从船上卸下来，次第进入到城乡，最终货物进入到工厂车间和千家万户；或者以相反的方向，从无数的工厂车间汇流到港口，装到船上，然后流动到世界其他地方。其中，集装箱的装卸速度就成为衡量一个港口效率的关键。

2018 年，船舶在港口停留时间的中位数为 23.5 小时。具体而言，干散货船平均停留 2.05 天，而集装箱船停留时间平均为 0.7 天。船舶挂靠一次平均需用 0.97 天。对港口而言，越短的挂靠时间意味着该港口效率和口岸贸易环境竞争力越高。为尽量减少船舶在港时间，港口、港务局就要不断提升装卸速度、优化港口运作流程。

那么，70 多年来，中国港口怎样实现升级换代？水中航道码头如何建设和运营？货物如何高效进出？中国港口形成了怎样的发展格局？将是本书接下来要具体展开的内容。需要说明的是，中国港口建设是一个极为庞大的体系，中国港口建设成就是一个伟大的叙事，本书无力作出系统性的介绍，只能以点带面泛泛而谈。我们怀着对中国港口建设者深深的敬意，做一个通俗的普及性介绍，肯定是挂一漏万，也诚恳期待专业人士的批评指正。

目　录

第一章

从弱国敝港到改变面貌

中国现代港口建设在新中国成立之时起步，经过 70 余年的发展，中国建成了领先世界的港口体系。2020 年，在全球港口货物吞吐量前 10 名当中，中国港口占有 8 席；集装箱吞吐量排名前 10 名的港口当中，中国占有 7 席。中国港口的货物吞吐量和集装箱吞吐量已经多年遥遥领先。

我们从头描述中国港口 70 余年建设伟大历程，其中一些和港口相关的事业发展可能要追溯到 100 多年前。

链接

2020 年全球前十大港口集装箱吞吐量排名

排名	港口名称	货物吞吐量（单位：万标准箱）
1	上海港	4350
2	新加坡港	3687
3	舟山宁波港	2872
4	深圳港	2655
5	广州港	2317
6	青岛港	2201
7	釜山港	2181
8	天津港	1835
9	香港港	1796
10	鹿特丹港	1435

一、艰难起步

从道路建设来看，可以认为先有路，然后有站。从港口建设来看，这个逻辑似乎也成立。港口码头是船的“站”，水底的航道就是船的“路”。而这个“路”的建设——也就是航道建设有着更为久远的历史，这就是中国现代疏浚产业的兴起。

19世纪末期，古老的中国被动融入国际贸易体系，北天津、南上海，两座城市两座门户，需要接纳西洋商轮的通道。光绪二十三年（1897），清政府批准成立了中国第一家专业疏浚机构海河工程局，主要目的是整治海河水旱、改善海河通道。8年后，清政府成立浚浦工程总局，以治理黄浦江航道、解决航道水深不足的问题。这是被动的开始，却也上通内河、下入大海，天津、上海由此成为航运中心。海河工程局于1911年在海河岸边（今天津市河西区台儿庄路41号）购地并建造三幢楼，用于办公及居住。此后近百年间，数代人积淀传承，中国疏浚事业发展壮大。及至今日，海河工程局和浚浦工程总局发展成为中交天津航道局和中交上海航道局。

1902年，海河工程局自西洋购进链斗挖泥船“北河”号，随后又陆续购置了多艘“中华”号挖（吹）泥船，并兴建船厂组装，修理

1897 年海河工程局成立（中交天航局 供图）

疏浚船舶。海河治理也同时展开，建设水闸、蓄水导流、裁弯取直、疏浚河道、吹填造陆。其中，“中华”号在疏浚大沽沙航道中立下首功。至 1933 年，吃水 4 米的船只可以进出天津港。30 余年间，海河工程局也在天津大规模吹填造陆，今天和平区、河东区、河西区的大部分，是当时用海河疏浚土填垫起来的，天津城市由此拓展。

上海黄浦江航道河身有宽有窄，航道深浅不一，暗沙浅滩既多，水流又较分散，因此水深不足，大船难以通行。浚浦工程总局后来建了吴淞导堤，建了高桥新航道。1911 年前后，原来不到 1 米水深的黄浦江下游增深到近 6 米，上海港进出口量增长一倍多。随后，政府继

摄于1927年的浚浦工程局办公大楼（中交上航局 供图）

续整治黄浦江，历时20余年，上海港在1931年成为世界第七大港。

而在港口建设方面，1918年荷兰公司进入中国，在烟台、葫芦岛、连云港等地建设港口，一些技术人才和工人参与其中，但不成体系。

1937年7月，日军全面发动全面侵华战争。7月12日，侵略者由塘沽码头登陆，切断了天津航运，劫持码头，掠夺中国资源，被英国人操控的海河工程局则被日本侵略者霸占。他们残酷对待工人，管理混乱，航道建设基本停滞不前。

1932 年，10 方链斗式挖泥船“海马”在苏州河四川路桥施工。（中交上航局 供图）

在上海，日军掠夺浚浦工程局的船舶设备去日本，共有“建设”“海马”“海龙”“海虎”等挖泥船和测量船大小十艘，黄浦江航道则“淤泥日积、河床日狭”。众多浚浦工程局职工弃业从戎，参军抗击侵略者；留局职工则以各种方式反抗日军统治，日军只得招募社会“闲杂人员”充当船员；部分船员被挟持至日本，直到日本投降后才回到上海。后浚浦工程局从日军手中接回部分船只，局部开展黄浦江疏浚工作。被侵略者控制 8 年的挖泥量还不及 1936 年一年的挖泥量。

日本侵华期间，天津港落入日军手中，但坐落在市区的天津港吞吐能力并不能满足日军战略物资的运输需求，因此日军计划在海河口也就是今天的塘沽建一座新的海港，并将之命名为“天津新港”。日军购进了一批新的挖泥船，派了一些日本工程师，并挟掠大批中国工人，组建了建港机构。至 1945 年，天津新港基本建成，还没正式使用，日本侵略者就战败投降了。

抗战胜利后，国民政府接管了海河工程局、浚浦工程局，接管天津新港并成立了新港工程局。

之后，国民政府也曾有想法建设港口。1946 年，国民政府开展塘沽码头和航道的恢复性建设，并提出了三年建设计划，但是当局财政空虚、管理混乱，三年计划未能实施，且港口设施毁坏严重。海河疏浚勉强维持，其他工作也是时断时续，工人的基本生活问题得不到解决。在浚浦工程局，国民政府收回了大部分的船舶、工场，1947 年初共收回各类船舶 60 余艘，机构也有所充实，但港口的建设和管理方面并没有得到有效的改善，航道建设也没有明显进展。

不过，中国现代港口建设的全部力量由此集结萌芽。新港工程局演变成今日中交第一航务工程局有限公司（中交一航局），新中国成立后设立的中交二航局、中交三航局、中交四航局也主要由新港工程局支援建设。所以，新港工程局（中交一航局）被称为中国的“筑港摇篮”。

二、收拾旧河山

1949 年，历史翻开崭新的一页。

1949 年 1 月 15 日，天津解放。次日，天津军管会接管海河工程局。随后移交华北水利委员会领导，并更名为“海河工程处”，当时职工 854 人，各类船只 36 艘。1952 年 8 月，改属交通部，更名为“交通部海河工程处”。

1949 年 5 月 27 日，上海解放。军管会随即接管浚浦工程局，当时共有 1072 名员工和 99 艘船只。1950 年 1 月，浚浦工程局划归交通部上海区航务局。

1949 年 1 月 17 日，天津塘沽新港解放，天津军管会接管新港工程局。按当年 3 月底统计，全局共有干部工人 1785 人；6 月，新港工程局归华北航务局所辖，称“华北航务局新港工程局”。1950 年 4 月改属中央人民政府交通部航务总局，称“交通部航务总局新港工程局”。1952 年底，全局职工共 4055 人。随后几年，新港工程局向海南、南京、北京、湛江、青岛、旅顺等地调遣人员和设备，并逐渐成立相关分支机构。

由此，中国港口建设者从极度薄弱的基础起步，以昂扬奋进的精神，全面推进中国港口航道的建设工作。这是因为半个世纪以来，帝国主义和侵略者带来的压迫和屈辱一扫而空，中国人终于能自主设计和建设自己的港口航道，这是值得倾注所有力量和智慧、挥洒汗水和热血的伟大事业。

新中国定都北京后，天津港成为首都的门户，维护天津港的畅通成为新中国的头号港口建设和疏浚任务。天津新港于 1945 年建成，但其处在海河入海口，泥沙淤积严重，如果没有充足的维护，就会难以为继。国民政府接管后并没有精力来建设、维护天津新港，当天津解放时，天津新港已全部淤住。

1949 年天津新港解放后，天津市军管会在成都道 2 号院内召集在津员工，动员大家迅速返回塘沽新港参加港口建设。在津员工热情百倍，踊跃登记报名，大家一致决定，于 1 月 25 日集体返归塘沽新港。由于刚刚解放，天津、塘沽间的铁路客运尚未恢复，但这阻挡不了职工们的复工热情，4 辆载重汽车运行李，老、弱、妇搭乘汽车，其他人凌晨 4 点上路，步行百里，下午陆续到达塘沽新港，大家在办公室地板上铺开行李住下来，随即投入整理恢复生产工作。

在军代表的主持下，新港工程局立即集中全局的主要技术力量，大力搜集塘沽新港的工程技术资料，组织工程技术人员在方案、技术等方面进行研讨，制定了塘沽新港第一期建设年吞吐量 400 万吨的施工方案及 1949 年度施工计划。

新港工程局接到的第一个任务，就是打捞自重 800 吨的链斗挖泥船——“大沽一号”。1949 年 3 月，新港工程局职工在没有经验、设备极为简陋的情况下，组队打捞沉船。60 多岁的老师傅冯泰献冒着危险多次潜水，甚至钻到淤泥中用扳手卸掉有关零部件让船身端正过来。用了 5 个月时间，这艘船出水，经修复后投入使用。

1949 年 9 月 2 日，海河工程局两艘挖泥船开始疏浚开挖大沽沙航道，船员工作热情高涨，他们不断改进疏浚工艺，想方设法降低煤耗。开工三个月，航道水深便由 1.22 米增加到 2.28 米；1950 年，又经过三个月疏浚，达到 3.35 米；在 1951 年 7 月，一度将航道疏浚至 4.8 米深。

天津外贸逐渐兴盛，新港建设迫在眉睫。周恩来于 1949 年视察新港，并参加次年的新港建设问题座谈会。政务院在 1951 年 8 月发布修建新港的命令。为此，新港工程局充实了人员力量，海河工程处和浚浦工程局调遣了挖泥船，广大职工欢欣鼓舞地开始了新港的修建工作。"大沽一号"连续四次创新纪录，"建设"号挖泥船成倍提高了使用效率，各挖泥船每日平均挖泥时间由 16 小时提高到 19 小时以上，每小时挖泥量较新中国成立前提高 1 倍以上，有些指标接近了当时苏联的先进水平。仅用了 14 个月的时间，已经淤死的新港航道和港池全部疏通并加深，码头由 3000 吨级改建为万吨级。1952 年，塘沽新港入海航道全部挖通。在码头建设中，大家群策群力，攻克多个技术难关，特别是在解决水下穿拉杆问题中，全局上下一起开动脑筋，开了 17 次"诸葛亮会"和专题座谈会。

1952 年 10 月，塘沽新港开港，这是新中国成立后中国第一个自行设计改建的现代深水港口。10 月 17 日，在塘沽新港第一码头举行了盛大的开港典礼，中国万吨级轮船"长春"号入港停泊。这一天，新港披上了节日的盛装，许多曾经在建港中发挥威力的工程船舶，也打扮起来，有秩序地停泊在码头前，参加了开港典礼。一

1952 年天津塘沽新港重新开港，“长春”号首航新港。（中交一航局 供图）

周后，毛泽东主席到新港视察，留下了“我们还要在全国建设更大、更多、更好的港口”的指示。

链接 “建设”号挖泥船支援天津新港建设

上海浚浦工程局的 “建设”号挖泥船是 1935 年从德国购进的大型万吨级自航耙吸式挖泥船。太平洋战争爆发前夕，日本侵略者将“建设”号强行“租”往日本门司。1945 年，船员历经艰难回到上海，第二年挖泥船从日本回到上海。新中国成立后，“建设”号完成浦口抢修工程后开赴天津，参加了天津新港建设工程。

三、南征北战：突破万吨级

新中国面对的是航道淤积、码头失修。建设者跨江越海、南征北战，他们心中只有一个家：祖国；他们只有一个心愿：哪里需要就到哪里去。根据全国航务工程建设任务的需要，年轻的筑港职工，在沿海、长江沿岸等许多地方留下了足迹，留下了一批行业骨干，并在施工过程中就地培养了一批批技术人才。随着航务建设工程量的增长，航务工程建设队伍在全国各重要港口壮大了力量，航务工程建设服务基地也得到了快速发展。

（一）抢修南京港

南京港浦口码头年久失修，1949 年浦口有 6 座码头塌落。1950 年和 1951 年，中央政府从交通部、新港工程局、浚浦工程局等 19 个单位抽调力量两次抢修南京港，并在此基础上，从新港工程局抽调干部组成了交通部南京港整治工程局。当时，有很多职工从未出过远门，生活尚未改善，家里找一套简单的行李都很困难。虽然是南北数千里的调动，但大家都视之为国家荣誉，积极要求参加抢修工程。连年抢修，职工生活清苦，但大家毫不计较，起早贪黑，一心一意完成施工任务。

特别是在护岸施工中，工人整天泡在2月寒冷的水中，条件非常艰苦。干部们白天下工地，许多内业工作靠晚上在灯下完成。全体职工争时间抢速度，昼夜赶工，两次抢修均提前完成任务。

（二）建设秀英港

1952年9月，根据交通部的命令，新港工程局抽调近2000名职工，奔赴海南，建设秀英港。从北方到海南，不仅气候差别大，条件也差，生活很不习惯。支援建设的同志们临时借住在附近一个小学和灯塔下边的房子里，大家睡地铺，自己动手搭设临时做饭的地方。从塘沽新港调赴海南岛的主要是技术、业务和一线施工生产骨干和领导干部。施工中需要的劳动力在当地解决，疏浚挖泥和码头、防波堤等施工的勘测设计要到现场准备。资料皆无，边调查，边设计，边组织施工。主要设备是从广州和海南岛借调来的两艘挖泥船和一艘起重船，经过修理后才投入了使用。港口建设者们团结一致，艰苦奋斗，战胜了生活条件艰苦和大风大浪等种种困难，顺利完成了建设任务。

（三）湛江港突破万吨级

港口码头有一个基本的衡量指标，就是看能停靠接卸多大吨位的船舶，这就是所谓的码头吨级。我们可以以此为线索来了解中国港口建设的进程。

新中国成立之初，共有海港和河港约20处，只有4个港口有深水泊位，个别建有万吨级码头。整体来看，这些港口设施简陋，多数没有装卸机械，其中大一点的港口主要是服务原材料输出和外国商品输入。

1955年，国务院作出《关于建设湛江港的决定》，将建港工程列为中国第一个五年计划的重点建设项目。湛江港是中国历史上第一座由中国人自己规划设计的万吨级港口。

要自力更生建设一个现代化港口，面临着巨大的困难。中国尚未自主建设过现代化港口，湛江市工业基础薄弱，很难提供建设大型港口的工业支援，而建设队伍也缺乏技术基础，旧中国没有建设一座像样的港口，如何规划和设计一座具有国际水平的港口，当时国内未有先例。湛江港的港址地形复杂，给规划和设计带来很大困难。一开始，苏联专家曾提出技术建议并愿意代为设计，设计团队的概算为1.38亿元，但这个金额过于庞大。交通部航务工程总局设计局用一个月时间完成了初步设计草稿，用两个多月拿出第二方案，进行了独立自主的设计优化，并将概算压缩至7200万元。

1955年到1957年的三年间，通过湛江港建设的实践，一支年轻的筑港队伍成长起来。湛江港第一期工程完成后，这支队伍分赴全国各主要港口所在地，担负起新的港口建设任务，改变了旧中国港口建设依赖外国人的局面。

1956年12月，波兰的万吨级轮船驶入湛江港，湛江港提前开港。

可以说，新中国成立之初的20年，是中国筑港队伍艰苦创业的年代。当时，国家经济实力还不强，港口建设虽已起步，但每年的基建投资有限，自身的基础条件相当薄弱。20余年间，中国港口的发展主要是以技术改造、恢复利用为主，仅新建了湛江港和张家港港。

四、“三年改变港口面貌”：从万吨级到10万吨级

从20世纪70年代开始，中国和西方国家关系缓和，给中国国际贸易带来了新的机遇，中国对外贸易量大幅度上升。1972年，中国对外经济贸易比上年增长了30%，1973年同比增长超过30%。但是，这个时期中国港口吞吐能力严重不足，港口设施落后。至1973年，中国沿海15个港口只有36公里岸线、286个泊位。大连、秦皇岛、天津、青岛、上海、黄埔、湛江7个港口可以靠泊万吨级货轮的泊位仅有92个，尚不及发达国家的一个港口泊位多。而这仅有的92个万吨级泊位中，水深11米的只有4个，水深10米的只有24个。

另外，港口的装卸机械数量少，进港航道淤浅，致使每天在港的轮船只有1/3靠泊码头作业，2/3在港外锚地等待装卸。平均每艘外轮停港时间已由1965年的5.8天延长到1972年的10.9天，经常有20多艘外轮停港时间在1个月以上。这种状况造成了较大的经济损失，每天损失超过15万英镑。其中，天津港是全国泊位最紧张的，外轮排队最多。因此，加速港口建设已刻不容缓。

同时，远洋船队的扩大也需要修造船工业迅速发展。但中国的修船能力严重不足，主要表现为万吨级船坞太少。至 1972 年，交通部所属的各修造船厂，仅有万吨级船坞 3 个，远远不能适应海运事业发展的需要。所以，大型船坞建设也成为港口建设的重要任务。

1973 年 2 月 27 日，周恩来总理指示："过去没有把港口建设提到议事日程上来，现在到了非解决不可的时候，要在三年以内改变面貌。"

1973 年 9 月在北京召开的全国第一次港口建设会议，确定 3 年全国港口建设的目标是：新建深水泊位 51 个，建成 40 个，3 年内全国新建 4 个万吨级以上的干船坞，总计新增港口通过能力 5500 万吨以及其他配套设施。按照国务院港口建设领导小组的规划，当时全国交通运输建设以水运为主，水运以港口建设为主，港口建设以扩建为主。

（一）秦皇岛港

从这个时候起，中国就有了北煤南运的要求，这也是保证国家能源安全的重要基础。秦皇岛港位于渤海海岸，处在东北和华北的结合处，港阔水深，风平浪小，一年四季不冻不淤，是中国北方的一座天然港口。绝佳的地理位置和良好的港口条件，让秦皇岛港成为北方煤炭下水运输到南方的最佳港口。来自内蒙古、山西和陕西的煤炭通过大秦线运输至港口，装船后由北向南运往中国东南沿海地区。另外，大庆原油出口和南下也从这里下水。因此，在"三年改变港口面貌"的大建设中，秦皇岛港成了打头炮的工程。秦皇岛港原油一期、二期码头是为了实现大庆原油水运而建设的，核心是建成两个两万吨级的

1973 年，一航局承建的秦皇岛港原油码头会战拉开了“三年大建港”序幕。（中交一航局 供图）

原油码头，这也是中国第一座管道运输原油的码头。在码头航道建设中，为了和风浪斗争，一航局提出“宁让汗水漂起船、不让工期拖一天”的口号；天航局摸索出“慢走车、浅夏耙、堵了管口快绞起、冲净打通再重挖”的操作方法。20 世纪 60 年代，秦皇岛港的两个煤炭码头投产，这是新中国建设的第一座煤码头，拥有绞龙卸车机、桥吊等先进的装卸设备。

（二）天津港

天津新港是当时积压情况最为严重的港口，因此成为“三年改变港口面貌”的重点。这一次扩建包括港口、航道疏浚等。核心是建成 3.5 万吨级散杂货码头和 2 万吨级钢铁码头。与之同时，天津港在这一时期建设了一个 1000 标准集装箱泊位，这是中国第一座自行设计、建设的全集装箱码头。经过这一时期的建设，天津港基本跳出海河，逐渐发展成为由两大港区组成的北方最大的综合性海港，也成为中国最大的人工港。天津港这一时期还有一个重大工程——大沽灯塔。

近一百年时间里，天津港航行的船舶主要靠大沽灯塔来导航。1878 年木质的大沽灯船建成，1911 年更换为钢制的灯船。不过这个灯船的灯塔高约为 10 米，灯光射程仅 11 海里。遇到大风大浪还要将灯船移到港口里面。这个不固定的灯塔虽然发挥了很大的作用，但也越来越跟不上天津港的发展。1971 年，交通部开始组织建设新的灯塔，于 1978 年建成，结束了天津港一百年来依靠灯船导航的历史。

（三）大连港

大连港历史悠久，是中国辽东半岛的重要港口，也是东北亚重要港口，这是因为大连港有着极为优越的港口条件。“三年改变港口面貌”建设期间，大连港建成一座 10 万吨级原油码头——大连鲇鱼湾油港工程，这是中国自行设计施工的第一座 10 万吨级码头，也是这一时期中国吨级最大的码头。

这个码头建设在开敞的海域，工程技术复杂，采取了一系列新工

1976 年，一航局承建的大连鲇鱼湾油港工程是中国建造的首个 10 万吨级原油码头工程。（中交一航局 供图）

艺。当时建设如此大规模的原油码头，一般有两种方案。一种是单点系泊，输油管从海底走，也就是说，在开敞的海中建一个类似锚碇一样的结构，油船来了拴在这个“单点”上，有风浪的时候，船可以绕着这个点在海面上旋转，在风标效应下，会停泊在受力最合理的地方。然后进行卸货，单点系泊码头和铺设在海底连接，原油通过这些连接管道进入陆地上的存储罐。这种工艺省时省料省力，但这里面的旋转接头结构极为复杂，当时中国尚不能设计制造，需要从日本进口。于是，一名著名的结构力学专家提出了栈桥式码头的设想，就是在较远的深水区建一个码头，这个码头通过一个栈桥和陆地连接起来，大船来了停在深水处的码头，原油输送以及各种作业通过栈桥来和陆地连通。这种方式相较之前的方案要耗费更多的人工、时间和材料，但是中国建设者能够全程掌握。1976 年大连鲇鱼湾油港工程建成后，成为国家优秀科技成果。

（四）青岛港

与大连港、天津港一样，青岛港也是中国北方重要的港口。之前，青岛港主要服务于国内的煤炭码头和散杂货码头。“三年改变港口面貌”建设时期，青岛港承担起胜利油田原油外运任务。因此，中国决定建设一个 5 万吨级原油码头。

（五）上海港、连云港港和宁波港

这一时期，华东港口建设主要是以上海港为主，同步加强连云港港和宁波港，“三年改变港口面貌”建设中，上海港逐步恢复了功能，与连云港港和宁波港一起，建成了万吨级码头。

（六）黄埔港和湛江港

“三年改变港口面貌”建设中，广东重点建设了黄埔港和湛江港。黄埔港建成了 2 万吨级码头，是当时华南港口航道建设中最大的工程。其中，黄埔港的航道疏浚是建设的重点任务。一开始，航道疏浚进度缓慢，建设者通过多种改进措施，建成了全长 110 多公里的航道，使得 2 万吨级的杂货船能够乘潮进港。湛江港则是在原来基础上进行扩建。1974 年，黄埔港 5 万吨级原油码头建成，这是中国第一座 5 万吨级原油码头。

（七）大型船坞

大型船坞建设也是“三年改变港口面貌”建设的重要任务。在此之前，中国只有三个万吨级船坞，不适应港口发展的需要。1975 年，交通部决定在青岛港建设北海船厂大坞。建设者先从船坞处向外海疏浚出一条通道，然后在这个基础上挖泥，并用挖出的泥吹填出船坞两侧的陆地。这样做不仅能确保船坞投产，也解决了船坞周围填土的问题。这一时期，文冲船厂也建成了 2 号大坞，船坞长 180 米、宽 24 米、深 9 米，能够修造 2.5 万吨级船舶。

“三年改变港口面貌”，是一个以前所未有的速度推进的艰巨任务。一方面，一批新设备投入生产，要求会使用、会管理新设备，使设备的各项技术能切实发挥效用，这就要求对建设者进行全面系统的培训，边学边练边生产，不断提高能力。另一方面，这项任务要求建设单位要不断组织技术攻关，提高施工技术水平，这给企业开展技术变革、开发应用新科技带来了巨大动力，企业在这个过程中，在工程结构、混凝土应用、基础处理等方面实现了新突破，港口勘察设计和施工能力进一步提高，还积极参与到行业规范的编写中，使得基础性规范逐步系统化。此外，计算机技术也开始应用推广。

可以看到，在这一阶段，中国港口的整体水平仍然较低，绝大多数港口码头的装卸货能力在 5 万吨以内，仅有大连港建成了一个 10 万吨级的原油码头。

五、10 万吨级码头成重要港口标配

改革开放后的大约 20 年时间里，中国港口建设实现了较快发展，一些重点港口基本上建成了 10 万吨级的码头。也就是说，10 万吨级码头成了重要港口的标准配置。

同时，港口是基础设施，更是国家的门户，由此才能开启国际贸易，进而走向开放。港口建设的历史也是改革开放的缩影。

港口建设领域的改革开放从深圳蛇口起步，蛇口港从一开始就实行市场化建设、管理和营运模式，这也成为后来港口建设的基本模式。

从 20 世纪 90 年代开始，国家开始统筹考虑沿海港口布局。水规院于 1992 年完成了《全国港口主枢纽总体布局规划报告》。《报告》提出：选择大连、营口、秦皇岛、天津、烟台、青岛、日照、连云港、上海、宁波、福州、厦门、汕头、深圳、广州、湛江、防城、海口 18 个港口为沿海港口主枢纽。

（一）蛇口港与盐田港

改革开放的故事要从深圳蛇口讲起。1980 年，国家决定创办深圳等四个经济特区，蛇口工业区作为深圳特区的组成部分，由交通部

香港招商局负责开发。蛇口五湾是一个天然良港，蛇口港将在这里逐渐成形。香港招商局带来了新的理念：以招投标的方式建设一个码头。这是蛇口的第一个码头，建设单位是交通部四航局。1980年2月25日，码头建成，1981年9月经国家批准对外开放。

蛇口既是一个港口，也成了改革开放的窗口。1984年，邓小平到蛇口工业区视察的时候称赞说："你们搞了个港口，很好！"

随后，盐田港接过了接力棒。1985年前后，盐田还是一个渔火依稀的小渔村。1985年春节，深圳东鹏公司聘请水规院与日本企业共同进行盐田港的规划论证。最终认为，盐田与香港水陆相连，具有建设深水国际大港的良好条件。1987年，盐田港动工。在当时的条件下，这里曾被称为是深圳最困难的工程。码头工程、后方区域开发的每个项目都是难啃的硬骨头。每前进一米都要搬走成百上千立方米的山石，加上山体滑坡，工程土石方量一再增加；雨季河水暴涨，修好的围堰被冲垮一次又一次。

1992年，经国务院批准，深圳盐田港作为国家一类口岸正式对外开放。这一天，盐田港举行了隆重的开港仪式。一年后，盐田港集团与香港和记黄埔有限公司合作，成立深圳盐田国际集装箱码头有限公司，合资经营盐田港一、二期工程，这是当时深圳特区建立以来最大的合资项目。

盐田港二期工程于1997年开始组织建设，主要工程是3个5万吨级集装箱泊位。这个工程采用中国和英国两套技术规范标准，要求质量50年不大修、使用寿命100年。工程首次采用混凝土耐久性指标、嵌岩桩、锚碇桩施工。这个时候，"时间就是金钱、效益就是生命"

正是深圳的写照。投资方希望提前完工，建设者在时间上精打细算，提前半年完成。

（二）北煤南运

改革开放推动东南沿海经济持续增长，加大了对能源的需求。而煤炭是中国的主要能源，因此北方煤炭运往南方，就成了长期的任务。秦皇岛港是北煤南运的核心枢纽，开展了持续 20 多年的煤码头建设，共分为五期。1978 年，秦皇岛港煤码头一期工程开工，1983 年完成，由此成为中国第一座自行设计、施工，装卸设备自己制造、安装的大型煤炭码头，从此确立了秦皇岛港作为中国能源输出大港的地位。随后，秦皇岛港进行了三期升级。煤码头四期工程在 1997 年投产，其中包括 1 个 10 万吨级的泊位，装备煤炭装卸自动化流水线，卸车、堆存、取料装船等全部流程采用当时最先进的控制系统。

有了 10 万吨级码头，还得有 10 万吨级航道。1998 年，秦皇岛港开始建设 10 万吨级航道，并在 1999 年底完成。

同时，秦皇岛至大同的运煤铁路专线建成。这样就形成了以秦皇岛港为枢纽和龙头的中国北煤南运系统工程。秦皇岛港也成为世界第一大能源输出港，秦皇岛港下水的煤炭占全国沿海港口下水煤炭的一半。

但是，仅有一条通道不能满足煤炭的运输需求，北煤南运也在寻找更加便捷的出海口。1992 年，国家批准在河北省黄骅市建设第二个大型煤炭外运码头，并配套进行了朔黄铁路的建设。黄骅港煤炭码头于2002年投入使用。其中，黄骅港一期翻车机房基坑开挖深度达20米，是中国北方首例直接建筑在软土地基上的最大翻车机房。

（三）从北到南的港口升级

20 世纪 80 年代，交通部提出建设“四大湾”港口，其中一个就是大连大窑湾系列工程，包括大窑湾港区一期 10 个泊位码头、出口成品油码头工程、大连港大窑湾港区集装箱码头群工程。一期泊位工程施工中采用了块石基床水下爆夯、堆场地坪混凝土真空吸水等新工艺。出口成品油码头工程能同时停靠 3 万吨级和 5 万吨级油轮各 1 艘。出口成品油码头的建成投产，缓解了东北地区成品油出口泊位紧张状况。特别值得一提的是，这里还有一个防波堤改造工程，防波堤原设计为单纯的防浪作用，改造后的防波堤既可防浪又可停靠船舶，作为 8 万吨级散粮码头使用。这一创新后来获国家科技进步奖二等奖。

改革开放之前，天津港就开始接待集装箱船。改革开放之初，天津开始建设中国第一座集装箱专用码头，于 1981 年建成。从 1987 年开始，天津港为满足第五代集装箱船运营的要求，对主航道进行了浚深拓宽。1996 年初，天津港航道、港池加深拓宽工程开工，并要求年底具备接卸第五代集装箱船舶的条件。天津航道局派出 8 艘挖泥船相继参与，所有参与施工的自航耙吸挖泥船都改变以往施工 7 天、靠码头休息 1 天的常规，只有补给燃油和淡水时才靠码头，使船舶利用率大大提高，并创历史最好水平。

青岛港在 1994 年建成了前湾二期工程，包括六个泊位，其中一个泊位是当时中国唯一能够接卸第五代大型集装箱船（5250 标准箱）的专用泊位。同时，青岛港也建成了前湾矿石码头。这是当时亚洲排名第一、世界排名第二的大型码头，从设计制造到安装试运行全部由中国人独立承担。

天航局于 1989 年 8 月动工兴建唐山港京唐港区。京唐港 1992 年投入运营，2001 年，京唐港吞吐量突破 1000 万吨大关，一举跨入了中国千万吨级大港行列。在港区的有力带动下，2020 年，唐山港货物吞吐量首次突破 7 亿吨，达到 7.026 亿吨，在货物吞吐量全球海港排行榜上跃升一位，位居全球第二。

上海作为中国经济重镇，自然要加快港口建设。到 2000 年，上海完成了外高桥港区集装箱码头的三期工程，形成了集约化程度高、大型化、多功能的大港区。这一时期，上海港口建设的重要工作是洋山深水港的前期研究论证。

宁波北仑港在这一时期成为最重要的港口。1979 年，宁波北仑港 10 万吨级矿石中转码头泊位开工。两年后码头建成，成为中国第一座 10 万吨级矿石中转码头。10 年后，宁波港在北仑港区开始建设 20 万吨级矿石中转码头。这里有着良好的建港条件，因此，这个码头甚至按照 30 万吨级散货船的水平来设计。这是 20 世纪中国建设的最高吨位的码头。这一时期，北仑港还分三期建设了集装箱码头，由此北仑港成为全国重要港口。而北仑港对面的舟山老塘港也进入新的发展阶段。

改革开放以来，广州港逐步成为华南地区主枢纽港。但是，广州港主航道等级较低，大型船舶进港时需要在锚地减载、大型集装箱船舶需要通过香港转运等，因此广州港这一时期把建设重点放在出海航道上，努力打通珠三角港口群，使之成为连接国际航道、通达国内外港口的水路运输“大动脉”。广州港在20世纪90年代开始加深和拓宽广州港出海航道，这就是广州港出海航道浚深一期工程。建设者将广州港出海航道由9米深疏浚至11.5米，推动了广州港成为自上海港之后中国大陆第2个亿吨级大港。

由此可以看出，港口建设和城市发展之间有着密切联系。

第二章

世界大港联通世界

中国改革开放的进程不断加快，而港口建设作为基础中的基础，在 21 世纪引来了全面领先世界的建设时代。这一时期的港口建设，就是一个不断创造世界纪录，同时又不断刷新世界纪录的过程。

如果说，中国港口 20 世纪努力建设 10 万吨级的标配，只是达到世界港口的平均水平，那么 21 世纪以来，中国港口从 10 万吨级到 40 万吨级的建设，则完全是走向世界巅峰的自我挑战、自我超越。

这就是强国大港。

一、青岛港：努力先行一步

（一）青岛港前湾三期 1—4 号集装箱泊位工程

21 世纪初，青岛提出“以港兴市”，实施战略西移。青岛港前湾三期 1—4 号集装箱泊位工程就成了这一战略的起步工程。青岛港计划建设前湾三期工程由来已久，原来计划在这里建设散货码头，但这一时期中国国际航运中集装箱业务迅速发展的新形势，使青岛港取消建设散杂泊位的计划，将三期工程建设为全集装箱泊位。码头于 2000 年 8 月 1 日开工，2003 年完工，这是中国建成的第一个停靠第六代集装箱船的深水码头，岸线长1400米，水深至17.5米，码头纵深1500米。

建设团队坚持以“创精品工程”为目标，应用了多项创新技术。例如，为防止混凝土面层出现严重龟裂和不规则裂缝，他们在码头面层混凝土中掺加了聚丙烯氢纤维。交通部将这一工程称为“重力式码头的样板工程”。专家们认为，这项工程是中国码头建设之最——最新的设计理念、最快的建设速度、最好的工程质量、最高的装卸效率、最现代化的装卸设备和信息系统，在中国集装箱码头建设史上具有示范作用。

青岛港以此天然良港为依托，加大对集装箱货运的经营，竣工当年就完成了420万标准箱的装卸量。随后3个泊位的完工，使得青岛港2006年集装箱装卸达770.2万标准箱，位居国内第3，在世界集装箱界的排名也从第24位跃升到第12位。

青岛前湾港区（中交一航局 供图）

2020年5月13日，青岛港前湾港区迪拜环球码头工程（二期）顺利通过竣工验收。（张海涛 摄）

（二）国际帆船中心主体工程

2008年之前，一航局在青岛北海船厂旧址上建成了国际帆船中心主体工程。这是一项全新的工程，不仅要满足国际奥委会对海上帆船赛的要求，还要考虑赛后的长期开发利用。因此，这项工程既要关注工程的长期耐久性，还要充分吸纳景观设计的理念，将传统的水工工程变成景观工程。

（三）青岛港董家口港区矿石码头

2011年，青岛港董家口港区矿石码头获准开工建设，这是国内第一个建设规模为30万吨级（码头水工结构按靠泊40万吨级散货船设计）的码头泊位。也就是说，这个码头实际上具备接待40万吨级散货船舶的能力。

不过，当时国内对于这一等级码头的建设尚无标准，设计项目组通过多方搜集船型资料并经反复论证，确定了40万吨级散货船型的主尺度。设计团队以建设高品质港口为目标，采用码头开敞式布置，充分利用了宝贵的深水岸线资源。40米宽的码头平台仅设一个椭圆形沉箱，减少了一半的沉箱数量，大大节省了工期。在码头建设中，建设者分别创造了363天建成30万吨级码头和178天建成20万吨级码头的建港奇迹。40万吨级码头泊位长510米，设计水深25米，是世界最大、效率最高的铁矿石码头。多项创新成果的应用，使董家口港区矿石码头成为功能最齐全的矿石码头工程。2013年，董家口港区矿石码头通过交通运输部组织的竣工验收。

青岛港董家口港区 40 万吨级矿石码头工程（中交一航局 供图）

董家口港区矿石码头成为中国建成的第一个 30 万吨级（兼顾 40 万吨级）矿石接卸码头，也是当时世界最大的矿石接卸码头。码头建成投产后，改变了世界港航矿石分配格局，对抑制矿石价格、降低钢铁成本、推动钢铁工业发展起到了积极作用。

2015 年 2 月，由中交水运规划设计院主持编写了《40 万吨散货船型主尺度及相关设计标准》，随后交通运输部发布了这一标准。由此，40 万吨级散货船正式进入了中国规范体系。但是，这一级别码头建设投资巨大，而且在全球范围内的用户并不多，为了防止国内重复建设造成浪费，以及由此带来的过度竞争，中国明确了全国 40 万吨级铁矿石码头布局方案，仅允许大连港、唐山港、青岛港、宁波舟山港 4 个港口的 7 个泊位可以接靠 40 万吨级矿石船。2015 年 7 月 4 日，40 万吨级矿石船“远卓海”轮在青岛港董家口港区靠泊作业。

（四）青岛港原油码头三期工程

2006 年 2 月，青岛港开始建设更大的原油码头，这就是青岛港原油码头三期工程，其核心是 1 个 30 万吨级原油接卸泊位，它的码头结构按 45 万吨级设计。这一泊位在胶州湾之内的青岛港黄岛油港区。2007 年码头建成，开始试运行。这个码头在建成之时，水深、泊位长度上均超过了大连港的 30 万吨级原油码头，因此成为中国国内最大吨级的原油码头，可以停靠 10 万吨—45 万吨级油轮。

青岛港原油码头三期工程（中交一航局 供图）

（五）董家口港区原油码头

2010 年，青岛港再次建设一个 30 万吨级的原油码头。这个码头地处董家口港区。码头大小和之前的类似，也是 1 个 30 万吨级油品泊位，水工结构按靠泊 45 万吨级油船设计。这一码头于 2014 年 6 月投入试运行。

青岛港并未就此止步，2019 年，青岛港再次在董家口港区开工建设一座同一级别的原油码头，这就是董家口港区原油码头二期工程。它仍然是 1 个 30 万吨级油品泊位，水工结构按靠泊 45 万吨级油船设计，于 2021 年 8 月正式建成投入使用。

由此，青岛港董家口港区就有了一个能接待 40 万吨级大船的矿石码头和 3 个接待 45 万吨级油轮的原油码头。这个配置在世界上都是少有的。

二、天津港：世界大型人工深水港

渤海湾最深处的天津港虽然没有建设深水港的良好条件，但经过多年努力，天津港已成为世界人工深水大港，也是中国北方第一个亿吨级大港。

天津港的建设核心是航道建设。1997 年，运力超过 6600 标准箱的第六代超大型集装箱船问世，随后，运力达 8000 标准箱乃至 10000 标准箱的集装箱船相继出现。天津港要想适应这一趋势，必须

提升它的主航道等级。从 2000 年起，天津港开始航道的新一轮扩建。2001—2002 年，完成了 10 万吨级航道扩建；2005—2010 年，完成了 25 万吨级航道扩建；2008—2010 年，建成复式航道； 2011—2014 年，建设 30 万吨级航道工程。

2005 年 12 月，天津市开始建设天津港 20 万吨级航道暨 25 万吨级航道一期疏浚工程。工程长度近 37 公里，总工程量达 2400 万立方米，要求在 2006 年底前完成。航道建设主力天津航道局为该工程投入了强大的力量，积极整合国外船舶资源，在投入 5 艘自有主力自航耙吸挖泥船外，还从国际上租用了多艘大型和特大型自航耙吸挖泥船。

紧接着进行的是天津港 25 万吨级航道二期工程。与一期工程相比，二期工程总工程量更多，达 3400 万立方米；泥质更硬，航道下层多为坚硬的粉质黏土；安全要求更高，每天有近 200 艘船舶进出港，施工既要保证施工安全和进度，又不能影响港口的正常运营。天航局先

天津港（许让利 摄）

后向25万吨级航道二期工程投入了10艘大型、特大型自航耙吸挖泥船，并在国内率先采用多波束测深系统和PTK定位系统，对工程进度和质量进行全程跟踪监测。

为使工程尽快完工，天航局生产一线的工程人员和大海做伴，以工地为家，推动施工进度不断加快。按照常规，完成天津港25万吨级航道二期工程至少需要两年，但天航局仅用了不到一年时间，便使工程在2007年12月21日宣告竣工，比原计划提前4个多月，创下了国内特大型疏浚工程完成工期的最短纪录。

这一工程的实施，使天津港一跃成为世界最高等级的人工港，可保证25万吨级船舶自由进出港，30万吨级船乘潮进港。而天津港东疆港区，也获得了航道内挖出来的3000多万立方米的造陆泥土。至此，天航局在天津港吹填造地面积超过了30平方公里，相当于再造了一

一艘货船驶向天津港（中交一航局 供图）

个天津港。

2008 年，天津港主航道扩宽二、三期和四期工程陆续上马，在全国疏浚船舶普遍紧缺的情况下，天航局迅速集结了由 8 艘大型自航耙吸挖泥船组成的船队，其中包括舱容 1.3 万立方米、当时中国北方第一耙——通旭轮，以及天航局主力挖泥船通力轮等。2010 年 1 月，当 30 年一遇的冰灾侵袭中国北方地区时，天航局施工项目组采取了海上破冰、强化户外作业人员安全保障等措施，确保了主航道拓宽工程顺利推进。

2011 年，天津港再次进行港口基础设施建设，重要内容是天津港等级提升的标志性工程——30 万吨级航道建设。该工程是在 25 万吨级航道及航道拓宽工程的基础上，将 25 万吨级航道继续浚深，建

2009 年，天航局挖泥船在天津港 25 万吨级航道三期工程施工。（许让利 摄）

成后满足 30 万吨级油船和散货船进出港通航需要，成为渤海湾人工开发的首条双向复式 30 万吨级航道。30 万吨级航道建设的二期工程，则是要把航道由 21 米浚深至 22 米。工程完工后，吃水在 21 米以下的 30 万吨级油船和散货船也能顺利进出港。

30 万吨级航道建设工程采用先进的自航自挖作业方式，先后有 9 条自航式耙吸挖泥船参与疏浚作业。同时，工程应用循环经济理念，将所开挖土方通过吹泥管线吹填至天津港南疆，为南疆港区造陆也创造了有利条件。

这一航道不仅可以满足 30 万吨级船舶和 1.9 万标准箱的世界最大最先进集装箱船舶自由进出港口，还可实现高等级大型船舶和小型船舶“双进双出”四通道航行。天津港复式航道正式启用后，凡能进渤海湾的 VLCC 油轮和 VLOC 矿轮等超大型船舶均能够自由进出天津港。

天津港主航道自 1952 年开工以来，经历 60 余载的改扩建，从当年底宽 60 米的单向万吨级航道提升为 30 万吨级“双进双出”航道，极大地提升了天津港的通航能力和综合实力。

三、上海洋山港：世界第一大集装箱港

1992年，中国决定开发上海浦东。上海据此决定将深水港建设作为上海新一轮城市基础设施建设十大工程之首。其中，建设洋山深水港是国家做出的重大决策。

1995年初，中交三航院组建强大的设计团队，开始上海深水港的选址、规划与设计工作。由于技术人员在之前设计其他项目时，数十次乘船途经停靠大洋山岛客运码头，对大、小洋山之间海域水深条件和良好的风浪掩护条件有了深刻的认识。据此，设计团队在深水港选址工作一开始，就将关注重点放在了大、小洋山区域，随后提出了洋山港区初步规划设计方案，其中有两个主要结论：建设上海国际航运中心首先需要建设具有15米以上水深的深水港区，这是实现浦东开发开放的有力措施；大、小洋山是距上海最近的具有建设15米以上深水港区和航道条件的合适港址，同上海连通可通过建跨海大桥来实现。

在大、小洋山等数十个岛礁群海域，具备建设深水良港的条件。在这里建设深水港，是中国港口建设走向深海的一个典型。设计团队确定了将大、小洋山岛链汊道完全封堵，并缩窄西口门的规划方案。随后对洋山港一至四期工程进行了总体设计。一期工程岸线长度1600

米，建设有 5 个 7 万吨到 10 万吨级集装箱泊位，年设计吞吐量为 220 万标准集装箱（TEU，Twenty-feet Equivalent Unit）；二期工程岸线长度 1400 米，共建设 4 个 7 万吨到 10 万吨级集装箱泊位，年设计吞吐量为 210 万 TEU；三期工程是整个洋山深水港区天然水深条件最好，陆域纵深最大的港区，工程岸线长度 2600 米，建设有 7 个 7 万吨到 15 万吨级集装箱泊位，年设计吞吐量为 500 万 TEU；四期工程及后续工程规划建设 7 个 5 万吨到 7 万吨级集装箱泊位，码头结构按靠泊 15 万吨级集装箱船设计。洋山一期工程于 2002 年开工建设，2005 年 12 月建成投产；二期工程于 2005 年开工建设，2006 年底建成投产；三期工程于 2006 年开工建设，2007 年 12 月和 2008 年 12 月分期建成投产；四期工程于 2017 年 12 月建成投产。

在洋山深水港区建设之初，担忧主要集中在两个方面。

洋山港三期工程（宋大本 摄）

一个方面是港口可作业天数的问题。当时有观点指出，在洋山海域这种外海强潮流、高含沙岛礁环境下，洋山港的年可作业天数将会很低，甚至不会超过 200 天，工程建设不具备可行性。面对这种质疑，设计团队在对大量、长期的观测数据进行统计、分析的基础上，结合科学试验，对港口的可作业天数进行了科学论证，提出了洋山深水港区年可作业天数不低于 325 天的结论。事实证明，洋山深水港区投产 10 年间，年可作业天数达到 360 天左右。

另一个方面是泥沙回淤问题。之所以选择在洋山建设深水港，是基于其良好的天然水深条件。但该海域也是一个强潮流、高含沙的海域，是否能够确保在港口建设改变了原有海、陆域边界的条件下，将水域的泥沙回淤强度控制在一个可以接受的较低水平，深水条件得到维持，

全球单体最大的全自动化码头——上海港洋山深水港区四期全自动化码头开港（郑康 摄）

是外界普遍担心的一个问题，而这个问题也的确是洋山深水港建设的重大挑战之一。在这个问题上，设计团队做了大量的工作，基于平衡沙理论，运用复合模型试验技术，合理布置港区平面形态，成功解决了高含沙海域建港的淤积问题。从洋山深水港区的实际运营数据来看，港池、航道的实际淤积强度均低于设计预期，大大节约了疏浚的费用，提高了港区的作业条件。

洋山深水港区是世界上唯一建在外海岛屿上的离岸式集装箱码头，从深海里“造”出 135 万平方米（相当于 200 个标准足球场大小）、海拔 7 米的新大陆，已是史无前例的工程。要在最深达 39 米的海底打桩，不仅在中国建港史上未曾经历，也是世界级难题。洋山施工被业内称为“桩基博览会”，建设团队在水下基础处理和桩基施工中，创新应用了砂桩、斜顶高密度板桩墙、人造基床嵌岩桩、锚岩桩、冲孔吊打桩、斜嵌岩桩等多种沉桩工艺。在洋山港的建设过程中，施工团队完成陆域吹填工程量 9000 万立方米，港池、航道开挖工程量约 3100 万立方米。

上海洋山港另外一个引起广泛关注是其四期工程的自动化码头。振华重工（ZPMC）倾力十多年打造的自动化码头系统在这里得到充分应用，洋山港四期也得以成为全球综合自动化程度最高的码头。比如，海一侧的岸桥全部是自动化远程操控的；在陆一侧使用的轨道吊也实现了自动化着箱，这些双箱自动化轨道吊也是振华重工自主研发的产品，并首次投放全球市场。自动化引导小车（AGV）实现机器人自动更换电池，确保地面运输连续性作业，自动化换电站技术也是振华重工国内首创。自主研发的设备控制系统和码头方的码头操作系统，让洋山港四期成为国内唯一一个“中国芯”的自动化码头。

为了连接洋山港和上海，上海市专门建设了交通集疏运通道——东海大桥。这座大桥是中国第一座真正意义上的跨海大桥，还为港区供水、供电及通信。东海大桥处于无遮挡的外海，台风、季风、波浪和涌浪数量多强度大，每年受大风影响时间达 100 天以上，最大浪高达 13 米，潮差高达 5 米多，每年不连续的可施工时间仅为 180 天。在缺少大陆依托的海域中进行工程建设，只能通过船舶、平台等设备在海浪颠簸中开展工作。在这样的施工环境和既有条件下，建设者打下各类基桩 9000 多根，其中最长的桩长 110 米，相当于 40 层楼高，直径 2.5 米，位于主通航孔斜拉桥处。打桩工程绝大部分在茫茫大海上进行，常规的测量仪器，如经纬仪、水平仪根本不适用，为了确保打桩的高精度，建设者自主研究开发用于打桩定位的计算机软件和打桩定位系统，并成功应用于东海大桥桩基与承台工程中，解决了远距离测量定位的难题。

四、宁波舟山港：世界第一大港

宁波则踏上了世界第一大港的征程。这一努力是从不同方面展开的。

2003 年 1 月，接任浙江省委书记不久的习近平第一次到舟山考察，就指出要加快宁波、舟山港一体化进程。2005 年 12 月 20 日，习近平在宁波—舟山港管委会挂牌仪式上说，港口建设将是浙江省经济发展中的大手笔，港口建设的重点在宁波、舟山港一体化。2006 年 1 月 1 日起，正式启用“宁波舟山港”名称，原“宁波港”和“舟山港”的名称不再使用，同时成立宁波—舟山港管理委员会，协调两港一体化重大项目建设。

集装箱码头是第一批开始升级的工程。

2001 年起，宁波舟山港开始了北仑港集装箱码头的升级，分两期建设集装箱码头，这也是北仑港集装箱码头四期、五期工程。四期建成了 10 万吨级的集装箱泊位，五期建成了可以靠泊 15 万吨级集装箱船的码头。2018 年，又在穿山港区建设了 1 个 7 万吨级专业化集装箱泊位，这一集装箱码头是继深圳盐田国际码头后全球第二大单体集装箱码头。

2008 年，宁波港北仑四期、五期集装箱码头完工。（王森 摄）

在建设集装箱码头的同时，宁波舟山港也全面建设大型散货码头。

距离舟山本岛 70 公里处，有一个小岛叫马迹山。1998 年，宝钢开始在这里投资建设矿石码头，因位于马迹山岛而成其港名。2007 年，马迹山港区矿石中转码头二期工程建成，这是中国首座真正意义上的外海开敞式码头，建成之时也是世界上泊位等级和建设规模最大的外海矿石水水中转港。矿石码头包括 1 个 30 万吨级卸船泊位和 1 个 35 万吨级卸船泊位，后来这一港区成为宁波舟山港嵊泗港区的重要组成部分。

舟山群岛有一个小岛，形状很像黄鼠狼，它的“怀中”形成了一个平静的港湾，因此这里被称为“鼠浪湖岛”。有航道专家到此地考察，发现鼠浪湖岛西侧的航道水深竟然达到 26 米，这是建设大港的天赐条件。浙江省政府决定抓住这个机会，在鼠浪湖岛建造一个矿石中转

宝钢马迹山港矿石卸船码头（王森 摄）

码头，因为长三角区域急需可挂靠全球最大40万吨级矿船的中转码头。矿石中转码头的堆场就建在那个“湖”里，面积要达到1.2平方公里。建设者先在“湖”的外面建造一条1.8公里长的堤坝，然后从取沙区把大量细沙运送过来，填到“湖”里，然后把填出来的软土进行处理，同时通过开山炸石把石头填到“湖”上。通过技术处理，就形成了坚固的地基。建设者用了3年时间建设了一条近2公里的堤坝，可抵御百年一遇的风浪，将浪高流急的海水挡在堤外。与之同时，建设者依托海岛海岸线建设了2个30万吨级的铁矿石卸船泊位，水工结构均按靠泊40万吨级散货船设计，也就是最大可以接待40万吨级的船舶。2016年7月，码头工程完工。首批全国7个获批的40万吨铁矿石泊位中，这里就占了两席。2016年9月23日，40万吨级散货巨轮“远见海”号成功靠泊鼠浪湖码头。2018年，宁波舟山港又在穿山港区建设中转矿石码头，包含一座30万吨级卸船泊位。

在集装箱和散货码头之外，宁波舟山港还建设了巨大的原油码头。

2011年，大榭岛开始建设一座45万吨级原油码头，次年，大榭港区实华二期码头投产，成为亚洲最大、中国首个正式投用的45万吨级原油码头。2017年2月13日下午，这一码头首次挂靠全球最大船“泰欧”轮，装载33.96万吨原油。

随后，宁波舟山港又在舟山群岛册子岛建设原油码头，这就是实华二期原油码头工程。这一工程于2016年开工，是国家发展改革委核准批复的第一个以45万吨级油轮作为设计船型的大型原油中转码头，是亚洲最大的原油码头，于2018年建成。

所有这些，让宁波舟山港的吞吐量连年位居世界第一。

宁波（大榭）实华二期 45 万吨级原油中转码头水工工程（王森 摄）

2017 年 2 月 13 日，亚洲最大的原油码头宁波舟山港大榭港区实华二期原油码头首次靠泊全球最大油船“泰欧”轮。（成崇华 陈方足 摄）

五、大连港：东北地区出海门户

大连港是中国另一个具有良好天然条件的港口。21 世纪初，大连港确定了用五年时间建成亿吨级大港的计划，也就是 2001—2005 年建成亿吨级大港，2006—2010 年建成国际大港。这一时期，中国振兴东北老工业基地战略正在落地，东北地区对矿石、原油等海运

需求量也是与日俱增。但此前东北地区各港口均缺乏大型化、专业化的原油码头和矿石码头，大型的原油船和矿石船不得不在青岛、北仑或日本、韩国港口中转、减载后才能靠泊接卸。

基于自身战略和区域发展要求，大连港在 2002 年开始建设 30 万吨级矿石码头和 30 万吨级原油码头两大工程。

大连港 30 万吨级矿石专用码头工程建设用了两年多时间，2004 年这一工程通过验收，建成了 1 个 25 万吨级兼顾 30 万吨级矿石泊位。码头通过 2886 米长的皮带机与后方堆场与铁路装车楼相连。矿石码头建成投产后，打破了长期以来制约东北矿石转运的瓶颈。大型矿石船无须再经过其他港口中转或减载便可直接在大连接卸，并通过铁路输送到东北各大钢厂，降低了钢铁企业的原料物流成本。

大连港大窑湾一期工程（《交通建设报》供图）

在2004年“中国企业新纪录”的评选中，大连港矿石专用码头被认定为“国内最大矿石码头”“卸船机生产能力最高”“装车系统效率居首位”。

大连港30万吨级原油码头建成之际，可接卸30万吨级超大型油轮，最大能靠泊37.5万吨级油轮。一艘满载的30万吨级油轮仅用30个小时就可以卸完油。码头通过一座5跨总长585米的钢管拱桥与后方罐区及其他码头直接相连，可以轻易实现原油的装卸、储存、中转等流程，还可直接向两大炼厂供应原油。30万吨级原油码头不但可以为环渤海湾沿岸炼厂提供原油中转服务，还可以通过已有的大庆至大连的输油管线，向整个东北腹地炼厂输送原油。

随后，大连港努力将这两类专业码头升级到更高水平。

2008年，大连港开始建设45万吨级原油码头。2010年，大连港45万吨级原油码头正式投产使用，可进行10万—45万吨级船舶的靠泊作业。此外，在2013年，大连港在长兴岛又建设了一个新的30万吨级原油码头，在2017年正式投入使用。此时，大连港拥有1个45万吨级泊位和3个30万吨级泊位。

2011年，大连港40万吨级矿石专用码头主体工程完工。随后接卸了来自巴西的40万吨级大船，在55小时内接卸35万吨铁矿石。2015年8月，大连矿石码头接靠满载40万吨进口铁矿石的超大型铁矿石船“马兰豪”号，这是该码头第二次接靠40万吨级超大型铁矿石船，使大连港接卸超大型铁矿石船舶成为新常态。

大连港的另一个目标是打造东北亚油品转运中心，其中包括液体化工产品的装卸和储运。为此，大连港建设了液化天然气工程，主要

大连港 45 万吨级原油码头工程（中交一航局 供图）

包括液化天然气 1 个专用泊位。建成之际，这个码头是当时国内唯一具有装船能力的液化天然气专用码头，可以装卸 6 万—26.7 万立方米液化天然气运输船舶。这个码头上部结构复杂，有 500 多个型号不同、结构各异的块体和方量巨大的连接混凝土构件。不过，建设者还是在 2010 年提前一个多月完成了主体任务。这一工程全面投产后，显著改善了东北地区的能源消费结构。

大连港也没有放弃对集装箱码头的追求。大窑湾港区于 2002 年相继启动了大窑湾二期、三期集装箱码头建设，建成了多个集装箱码头泊位，最大的可以接待 12 万吨级集装箱船。2015 年大窑湾港区启动四期工程，主要建设 2 个 20 万吨级集装箱泊位及配套设施。2018 年 8 月 28 日，中国当时最大的、可以装 21237 个标准集装箱的中远海运“宇宙”号停靠大连港集装箱码头。

六、珠江口的“三强竞争”

（一）香港港

珠江三角洲，尤其是广东，是中国改革开放的前沿，自然需要高水平的港口。不过，这一地区的港口明星一直是香港港。从小环境看，香港港处在珠江口；从大环境看，香港位于东亚经济圈的核心位置。加上改革开放的窗口作用，可谓天时、地利、人和。因此，香港港长期以来是全球最繁忙和最高效率的国际集装箱港口之一，也是全球供应链上的主要枢纽港。因此，它多年是世界第一大集装箱港。不过，目前这个地位已经被上海港超越。

（二）广州港

尽管长期在香港港的光环背后，广州港和深圳港也开始了全面赶超。相比较而言，广州港在珠江口深处，因此需要大规模的航道建设；深圳港处在河口，有着较为有利的条件。

广州港出海航道是广州港主航道，自黄埔港区至珠江口外隘洲岛南侧的天然水深区，沿经珠海、深圳、中山、东莞等市，全长约160公里。

航道可谓“一寸深、一寸金”，水深每加深一点，对于港口而言，就意味着吞吐量和利润近乎成倍的增长。

2004—2006年，广州港启动出海航道二期工程和航道拓宽工程。在莲花山东航道预备工程中，分布着总长度约5500米、工程量约101万立方米的坚硬风化岩，且风化岩占到了总工程量的67%。一般情况下，用爆破的方法来开挖大面积风化岩。但是动用爆破工艺，需要封航施工数月，也会对周围海域中白海豚的生长与繁殖造成一定危害。建设者发挥集体智慧，研制出一种“特殊武器”——凿岩棒。建设者们先在抓斗船上配置凿岩棒，进而利用其重量和冲击力，击碎航道底面坚硬的风化岩，再用抓斗船将击碎的岩石一斗斗地挖出航道。历经多次技术改进，广州航道局开创了不经爆破工艺而成功开挖大面积风化岩的先例，使广州港出海航道浚深至13米。

2006—2012年，广州港开始建设出海航道三期工程，使出海航道浚深至17米。由于部分施工区地处中华白海豚自然保护区核心区，建设者尽最大努力选择大型施工设备，减少投入设备的数量，特别是在耙吸船开挖期间，要求尽量少溢流，甚至不溢流。

经过这三期工程，由内而外，从黄埔港区到南沙港区航道通航水深为13米，通航宽度160米，5万吨级船舶可以乘潮通航；从南沙港区到珠江口的航道通航水深17米，通航宽度243米，10万吨级集装箱船舶可以不乘潮单向通航，12万吨级散货船乘潮可以单向通航，5万吨级船舶不乘潮双向通航进出南沙港区；广州港出海航道外段50千米，满足10万吨级集装箱船与15万吨级集装箱船（减载）双向通航。

不过，这仍然赶不上日新月异的发展。2015年，荷载量为19100

广州港航道（中交广航局 供图）

标准集装箱的大船靠泊广州港，这对广州港出海航道的未来给予了新的期待。2016 年，广州港开始建设深水航道拓宽工程，通过航道拓宽疏浚工程、清障工程等一系列工程建设，使原航道通航宽度由 243 米拓宽至 385 米，建成后可满足 10 万吨级集装箱船舶与 15 万吨级集装箱船舶在广州港双向通航。

2017 年，广州港深水航道拓宽工程（一期）已顺利建成并投入使用，即广州港出海航道外段 50 公里已基本解决大型船舶进出港对遇问题。目前，广州港正在努力将这一深水航道向珠江口深处延伸。

（三）深圳港

深圳在港口建设中则把目标放在高标准。

2001 年，深圳港盐田港区启动国际集装箱码头的三期工程建设，

深圳港盐田港区全景图（徐付迪 摄）

两年后工程完成。盐田港区 2005 年被国际物流学会评为“全球最佳港口”，这是中国第一座获此殊荣的港口。港区工程所采用的技术标准、可靠的技术方案以及超前的滚动开发建设模式，成为中国港口设计的经典范例。

盐田港区地理位置以及建港条件十分优越，设计团队始终考虑适度超前，不仅满足当时最大营运集装箱船舶到港作业的要求，同时也满足在今后一段时间内可能出现的集装箱主力船型发展的需要。盐田港三期工程设计船型 10 万吨级，码头结构按照 15 万吨级载重船舶设计预留。该标准与同期码头设计相比较，船型吨级大，至今看来仍较为合适。

这项工程中，建设者是之前二期工程的基本团队，他们自己提出“三期要比二期干得好”。工程开工不久，码头的投资者提出希望压

缩工期提前完成一些泊位的愿望。建设者优化施工方案，进入赶工状态。由于广东经济快速增长拉动集装箱运输业需求迅猛增长，投资方再次表达压缩工期的愿望，将 4 年工期压缩为两年。建设团队和投资方签订了赶工协议，仅用两年时间就完成了 4 个泊位的施工，充分展示了中国港口建设的高超水平。

盐田国际集装箱码头提出“使用寿命 100 年、50 年不大修”的质量要求，在当时国内港口中尚属首例。设计采用了多项创新技术满足工程的使用要求。码头施工中首次大量采用全截面嵌岩技术，采用高性能混凝土等多种防腐措施。其中在高性能混凝土的应用中，建设者先后进行了一百多次试配试验和分析研究，确定了最佳配合比。

盐田国际集装箱码头工程前瞻性的设计理念，有效适应了船型的发展以及港口集装箱吞吐量的迅速增加，港口服务质量、服务水平迅

盐田港三期（孙敏 摄）

速提高。其前瞻性理念对于推动同类码头的建设具有很好的引领和借鉴作用，一直是国内外同行关注的焦点。

2005 年，盐田港三期扩建工程开工。由于之前良好的合作，投资方和建设者以议标方式合作，这在国内港口建设是第一次。而这个扩建工程规模相当于盐田港区一期、二期和三期之和。随后，建设者用了三年半的时间再造了一个盐田港区。

由此，盐田港成为国内单一货柜规模最大、世界上最繁忙的大型专业化集装箱港区之一。

七、河北港口的 10 年冲刺

河北港口建设成为 21 世纪以来中国港口建设的亮点。在不到 20 年的时间内，秦皇岛港完成了扩建和转型，河北还建成了黄骅港、唐山港京唐港区、唐山港曹妃甸港区等大型港口。

（一）秦皇岛港

秦皇岛港围绕“北煤南运”需求，建成了全球最大公众煤炭码头和干散货运输港口。

2003 年，随着国民经济的发展，南方出现电煤危机，能源运输赶不上国民经济快速发展的需要。这就对能源大港——秦皇岛港提出了新的要求。为此，秦皇岛港煤五期工程开始建设，这也成为当时国家批准建设的唯一港口类国家重点项目。该项目从 2004 年底开始建设，建设者只用了一年多一点的时间，就建成了 4 个煤炭装船泊位，其中 15 万吨级、10 万吨级各 1 个。这一工程是中国自行设计建造的年通过能力达 5000 万吨的现代化煤炭输出码头。设计建设规模当时在世界港口建设史上绝无仅有。煤五期所增加的 4 个大型泊位，使秦皇岛港成为当时世界煤炭装船泊位最多的港口，拥有世界上最大的 15

秦皇岛港（孙瑾 摄）

万吨级煤炭装船泊位。投入运营后，有效缓解了“三西”（山西、陕西、内蒙古西部）煤炭外运装船的紧张问题。秦皇岛港煤码头和一般散货码头的重大区别是：要充分考虑运煤火车的接卸。因此，秦皇岛港就成为中国第一个可以接卸 20000 吨列车编组的煤炭码头，其一次性建成的三线三翻式翻车机房的技术水平、设备数量、接卸能力均居世界首位。港口也建成了拥有国内面积最大、堆存能力最大的堆场，总面积达 77 万平方米，堆存能力达 400 万吨。

2008 年 7 月，一航局为秦皇岛港建设了一个巨大的防风网，每年可直接减少粉尘排放 2000 多吨，极大地改善了秦皇岛的空气质量。

不过，近年来，秦皇岛港开始了转型，重点发展集装箱运输业务，其煤炭运输业务逐渐由黄骅港承接。这主要来自两个方面因素的影响，一方面，秦皇岛市开始转型，对环境保护要求更高，传统的煤炭港口升级改造的空间有限；另一方面，国家能源集团努力打造煤电运一体化发展，努力追求更低的综合成本，黄骅港是中西部地区陆运距离最短的出海口。

（二）黄骅港

黄骅港一直是一个地方性港口，直到 1992 年中国新的煤炭开发输送工程——神华工程确定之后，黄骅港才有了发展成国家大港的机会。黄骅港最大的特点是，一开始就将港口建设和铁路建设统筹起来。20 世纪 90 年代后期，黄骅港开始了较大规模的建设；进入 21 世纪，黄骅港用了不到 10 年时间变成了一个亿吨级大港。由此，黄骅港成为中国成长最快的港口。

2009 年，黄骅港开始了起步工程，要在 1 年内建成 4 个 10 万吨级泊位，在不到两年时间内建成 8 个 10 万吨级泊位、1 条 10 万吨级航道、40 公里防沙堤以及吹填造地，最后实现开港运营。尽管中国建设几十年来一直在刷新纪录，但这个速度是世界建港史上绝无仅有的。2009 年，建设者在海上堆满浮冰、码头铺满积雪的情况下，克服困难，坚持生产。这一年，黄骅港所在地区甚至出现 30 年未遇到过的持续低温天气，出现了极为罕见的挖泥船被冻结在冰面上的情况，船舶钢桩不同程度受损。建设者不得不调用了其他专业船舶作为破冰船，来“解救”挖泥船，这一状况持续了半个多月。不过，建设者还是按照合同工期完成了任务。

随后，黄骅港启动后续工程，这里也建成了全国最大直径 96 米翻车机房。黄骅港整体工程建成后，极大地提高了中国煤炭外运第二

黄骅港三期工程全景（中交一航局 供图）

条大通道的装船能力。更重要的是，黄骅港彻底改变了传统煤码头的面貌，这也是它敢于接过秦皇岛港核心任务的关键。黄骅港三期工程首创了利用封闭筒仓作为港口储煤设施的先例，彻底解决了以往普通露天堆场煤炭粉尘环境污染问题。翻车机房作为煤炭进港入口，是抑制煤尘的第一道关。传统的洒水抑尘方案，喷头安装在翻车机平台旁，经常被煤尘堵塞，水量也无法精确控制，冬天一旦结冰，洒水系统就彻底瘫痪。建设者从这个地方入手，不断钻研，形成了更为合理的洒水装置。含煤污水治理一直是各大港口面临的难题，建设者想方设法改变治理含煤污水的方法。最后，黄骅港成为节能、环保、高效的现代化大港示范工程。

黄骅港三期工程翻车机作业（唐敏 摄）

（三）唐山港曹妃甸港区

河北港口的后起之秀是唐山港曹妃甸港区。曹妃甸是古代渔家避风的一个小海岛，在洋流和泥沙的综合作用下，形成了难得的港口条件。岛前 500 米水深就有 25 米，水深 30 米以上的水域达 52 平方公里，距岸 600 米处即为渤海湾主潮流通道的深槽海域，建设 20 万吨级以上的大型泊位，几乎不需要开挖。但是，这项工程建设直到河北省开始发展钢铁等产业的时候才开始。尤其是首钢搬迁到唐山，推动了这里的港口建设。2000 年，国家对曹妃甸 20 万吨级进口矿石码头进行了评估论证，得出尽早建设曹妃甸 20 万吨—25 万吨级铁矿石码头的结论。两年后，港口建设启动。由于曹妃甸是个孤立小岛，2003 年修建通岛公路就是深水大港的建设序幕。随后的短短 4 年里，建设者从修路开始，将曹妃甸从一个没水、没电、没路、一片荒凉的荒岛，变成一个拥有 25 万吨级矿石码头、30 万吨级原油码头、30 万吨级煤炭码头的港口，并吹填造地，完善基础设施和基本配套，推动了产业聚集。

曹妃甸煤炭码头起步工程采用的是遮帘式组合钢板桩结构，这在中国是第一次，没有任何经验可以借鉴。尽管建设单位经验丰富，但也经过了无数次失败才完成工程。13 个月建成两个 25 万吨级开敞式泊位，18 个月使 25 万吨级矿石码头建成通航，都是创纪录的速度。

随后，曹妃甸启动矿石码头二期工程建设，建设了两个 25 万吨级（水工结构兼顾 30 万吨级）进口矿石专用泊位，于 2010 年投入使用；2015 年完工的三期工程也建设了 2 个同等规模的矿石码头。所有这些，进一步缓解了中国河北这个钢铁大省大型铁矿石接卸泊位能力不足的状况。2015 年 11 月 15 日，巴西一艘 40 万吨级超大型矿船停泊于曹

曹妃甸矿石码头堆场一期、二期工程（中交一航局 供图）

妃甸港矿石码头，并于 16 日完成卸载作业，这是首艘驶入渤海湾的超大型船舶。如今，40 万吨级巨轮进港靠泊在曹妃甸已成常态。

（四）唐山港京唐港区

另外，帮助唐山港吞吐量排名世界前五的还有京唐港区。1919 年，孙中山先生在《建国方略》中提出要建设“北方大港”于直隶湾中，并书写下了“顾吾人之理想，将欲于有限时期中发达此港，使与纽约等大”的宏大理想。想中的“北方大港”就是唐山港。其中，唐山港京唐港区于 1993 年正式通航，但在这一时期却籍籍无名。2008 年，京唐港开始建设 10 万吨级航道，2009 年建成，自此进入“亿吨级俱乐部”。在接下来的 10 年中，京唐港不断升级航道，完成从 20 万吨级升级到 25 万吨级的航道工程，开启了全新的“大港时代”。

唐山港京唐港区（刘晓康 供图）

八、世界最大的河口治理工程

长江融汇百川、奔流万里，滋润着中国大地。不过长江从上游带来大量的泥沙，在 90 公里宽的长江入海口沉淀淤积，人们称之为“拦门沙”。有的浅滩水深仅有 6 米，大型船舶无法进出。拦门沙，拦住了长江通向大海的顺畅航道。

“治理长江口，打通拦门沙”，孙中山在《治国方略》中曾经提出这样的构想。这也是一代代建设者一直以来孜孜以求的梦想。新中国成立后，一大批专家学者坚持这一构想。1960 年，国家正式成立长江口航道整治研究领导小组，两院院士、河海大学名誉校长严恺担任领导小组组长。严恺会同上海航道局、长江水利科学研究所、华东师范大学等单位的一大批专家、学生 500 余人，组织船只 38 艘，先后三次对长江口进行了大规模的水下地形测量与水文测验。1963 年，交通部成立长江口研究委员会，通过现场调查和资料分析，基本掌握了长江口的一些特征和演变规律。1983 年，国务院成立长江口开发治理领导小组。1992 年，长江口拦门沙演变规律的研究（整治技术研究）被列入国家“八五”重点科技项目（攻关）计划，由上海航道局、南京水利科学研究所负责。两年后，国家计划委员会召开专题鉴定验收会，认为开发长江口深水航道，开发开放浦东、开放长江沿岸城市、把上海建成国际航运中心，关系重大、意义深远。1996 年，长江口深水航道治理工程建设领导小组以及专家顾问组成立。1997 年，国务院总理李鹏主持召开了长江口深水航道治理工程专家座谈会，提出必须加快长江口深水航道的治理，并明确“一次规划，分期建设，分期见效”的建设方针。

中国人也希望寻求国际技术支持。1998 年，工程设计之初，建设者邀请日本专家一同参与。一位日本专家看过工程方案之后说：“你们建的堤比我们日本的河都长，我们做不了。”荷兰专家到了长江口，也说没法做。

治理长江口，打通拦门沙，需要中国建设者自己来完成。

长江口是一个世界级难题。它是多级分汊河口，到了口门，又特别宽，实际上已经是海的概念了。同时长江口回淤总量特别大，整治难度极大，再加上工程建设远离陆域、水上施工时间长、受台风潮汛等气候条件影响大、水文地质条件复杂、施工自然环境恶劣等因素，使得工程建设如履薄冰。

1998 年 1 月，一期工程开工，正式拉开建设帷幕。历经磨难和艰辛，27 千米的北导堤提前从长江口出水，被时任水利部部长钱正英赞为“中国的水下长城”！接着，上海航道局大型疏浚船队挥师长江口，长江口由原先的水深 7 米增深至 8.5 米，改变了万吨级船舶需要候潮进港和 2.5 万吨级以上船舶需要减载候潮才能通过的历史，通航能力为原来的 4 倍。

紧锣密鼓中，二期工程迅速上马。2002 年 4 月，长江口深水航

20 世纪末长江口深水航道工程试验段（中交上航局 供图）

道治理二期工程正式开工。工程建设中遇到世界性难题——海底地基土软化，一场寒潮大风把安放在海底的 16 座长 20 米、重千余吨的半圆形沉箱吹垮，原本整齐的大堤变得支离破碎。经过三个月的紧张实验、分析，最后加固海底地基的“空心方块”被设计出来，地基土抗软化能力得到提高。2004 年 1 月 1 日，二期疏浚工程正式开工，疏浚船队浩浩荡荡开赴长江口。2005 年 3 月双向航道全面贯通，航道水深增加到 10 米，2005 年 11 月通过国家验收，并同期延伸到南京。二期工程共建成堤坝 66 公里，疏浚航道 74 公里，实现了航道水深 10 米的目标。

长江口三期工程接踵上马，2006 年 9 月正式开工，工程以疏浚为重点。长江口的暗流、波涌、潮汐、回淤变幻莫测、捉摸不定，其中对航道影响最深的就是泥沙。据统计，每年淤积的泥沙几近 6000 万立方米，几乎可以填满 6 个西湖。面对滚滚而来的泥沙，上航局大型主力疏浚船全部投入最后大决战，为长江口工程量身定制了中国最先进的疏浚船“新海马”“新海牛”，并在最为关键的时刻投入攻坚战。天津航道局、广州航道局调遣 20 多艘大型疏浚船集聚长江口，终于迎来了全长约 92 千米、底宽 350 米至 400 米、通航水深 12.5 米的长江口航道的全线贯通，航道也迎来了第一艘 10 万吨级货船。

可以对比的是，美国最大的内河密西西比河达到 12.5 米的水深，用了 120 多年；英国的莫赛河取得 13.6 米的水深，用了 45 年。中国建设者治理出 12.5 米深的长江航道，只用了 13 年。

这并不是终点。2012 年 8 月 28 日，长江南京以下 12.5 米深水航道一期工程（太仓—南通）开工，中交一航局、上航局、三航局全面投入，整个工程建成后，5 万吨级海轮可直达南京港。

一寸水深一寸金。长江口通航水深从 7 米提高到 12.5 米，提升了长江的航运能力，长江口进出船舶航次装载量大幅提高，每航次平均

2009 年，长江口深水航道工程。（中交上航局 供图）

增加 50%—110%，满足了第三、四代集装箱和 5 万吨级船舶全天候双向通航的要求，兼顾第五、六代大型远洋集装箱船舶和 10 万吨级满载散装货船及 20 万吨级减载散货船乘潮通过长江口。

工程建设中，建设者对河口地区水文、泥沙、风浪、盐度等基本特性进行了研究，弄清了长江口各河段、汊道的演变，通过综合比较，优胜劣汰，确定了合理的目标和方案。长江口深水航道治理目标定为 12.5 米，是需要与可能的最佳结合。长江口拦门沙航道的自然水深仅为 6.0 米，治理工程增深航道所投入的资金与满足发展要求的适应程度要找到一个比较合理的平衡点。而上海急需为城乡建设提供后备土地资源，长江口深水航道治理工程南、北两条约 50 公里的导堤以及丁坝群为横沙东滩、江亚心滩、九段沙浅滩的促淤、围垦提供了基本

铺排船在长江深水航道二期工程进行软体排铺设 （王春磊 摄）

条件，而航道开挖的基建土和维护土方正好可供吹填之用。

工程的建设实施，拉动了长江三角洲及流域经济的快速增长。研究表明，工程投资拉动 GDP 增长约 208 亿元；沿江地区因深水航道开通货运量增加，年均 GDP 增长约 760 亿元。一批又一批的企业选择沿江布局，极大缓解了沿江地区已有的重工产业和装备制造业面临的瓶颈制约，促进钢铁、石化、电力、建材等产业发展，沿江的汽车产销量也占据全国的半壁江山，机电工业、微型电子计算机和集成电路产业竞争优势同样突出。

“长江口深水航道建设中关于自然保护的一些探索和实践，具有开创性和代表性，为世界河口城市的航运发展提供了有益借鉴”，世界自然基金会的专家如是评价。工程建设中，建设者始终把长江口生态保护放在突出位置，落实环境保护措施，并在长江口生态修复领域，开创了河口海岸工程建设与水生生态修复密切结合的典范，树立了国家重点工程良好的示范作用，拥有了“海底绿色生态长城”的美誉。

为了弥补工程可能给生态带来的影响，长江口工程建设方承担并资助了水生生态系统修复工程，从 2001 年起，先后在长江口进行多次放流：放流了 3000 余尾中华鲟幼鱼，近 4 万只中华绒螯蟹，以及花白鲢、黄颡鱼、翘嘴鱼、暗纹东方等多种重要经济鱼类，开创了中华鲟全人工生态养殖和长江口生态修复放流的先河，并通过底栖生物群落整体移植工程构建了中国第一个人工牡蛎礁。大型底栖动物数量由原来的 6 种增加到 30 多种，鱼类增加到 50 多种。

2011 年，交通运输部宣布，深水航道已延伸至太仓。至此，5 万吨级集装箱船舶可以全潮通航，第五、六代大型集装箱船，10 万吨级满载散货船和 20 万吨级减载散货船，可乘潮进出太仓港。此后，国务院正式颁布了《关于加快长江水运发展的意见》，把长江水运发展上升为国家战略。

按照“整体规划、分期实施、自下而上、先通后畅”的思路，以“固滩，稳槽，导流，增深”为整治原则，采取整治与疏浚相结合的工程措施，经过 8 年的努力，施工方对全长约 280 公里的长江太仓至南京段进行了系统整治，实现了该航道水深 12.5 米的建设目标。

第三章

世界领先的技术体系

梳理中国港口建设史，我们可以隐约看到港口航道建设的技术谱系。一是港口码头建设技术体系，二是航道疏浚技术体系，三是港口装卸技术体系。我们要描述这三个技术谱系的发展，或者说描述中国港口迅速崛起、领先世界的过程，可以看出它们有着不同的成长形式和成长轨迹。

码头建设的技术体系最为庞杂，它经历了 70 多年的发展。航道疏浚技术体系相对清晰，但经历了 120 多年的漫长演进，跨越了三个不同的历史时空。港口机械的技术体系简单明了，短短 30 年的历史，从零起步到傲视群雄。所有这些，组成了中国建设“强国大港”的辉煌。目前，中国港口规划设计、码头施工、航道治理、地基处理、吹填造陆以及港机设备制造等方面均处于世界先进水平或世界领先水平。

第一，中国拥有世界领先的现代化码头建设技术能力体系，拥有大型、超大型专业化码头建设能力并掌握了成套技术，在推动码头快速增加的同时，满足了港口大型化、现代化的发展需求。港口建设基础研究不断突破，设计理念和方法有了较大提升，新材料应用研究取得巨大进步，相关的地基处理技术、新结构开发、装卸工艺达到世界先进水平。港口设施大型化、专业化、现代化达到世界先进水平。煤炭、原油、矿石、集装箱等货类专业码头布局不断完善，主要港口航道等级 10 万吨级以上，专业化码头和航道条件适应了当代国际航运船舶大型化发展。

第二，中国拥有国际领先的航道治理技术和世界最大的疏浚船队。尤其是近 10 年来，通过科技创新使疏浚业成为中国经济建设、社会发展和环境保护的重要行业，实现了疏浚技术和设备的迅速发展，疏浚信息技术得到长足进步。中国交通建设集团的疏浚现代化船队规模世界第一，并带动形成了疏浚施工企业、疏浚设备制造厂商、配套设备制造厂商、行业协会、高等院校科研机构的国家疏浚工业产业体系。

第三，中国拥有港口机械装备核心技术，实现港口运营的升级换代。中国企业掌握了大型、高效港口机械装备核心技术。振华重工的港机设备占全球市场份额 80% 以上，遍布全球 97 个国家和地区的 200 多座港口码头，连续 19 年保持全球第一。振华重工正在推广全球最先进的全自动化码头系统，为行业带来革命性的产品。打造真正的“无人码头”，对降低码头运营成本，提高作业效率与安全性、环保性都具有划时代的意义。

一、码头：大船的依靠

（一）码头的基本结构和形式

我们需要对港口码头的基本技术特点做一些介绍。

人们通常笼统地提及港口码头。严格来说，港口是一个大概念，指的是在水边岸边供船舶进出停泊的枢纽，它必然要包括行船航道、停船泊位，还包括人上下船、装货卸货的设施，同时要有陆地运输的设施如客货车道路、客车站台、货车装卸设施等。而码头泊位专指港口里让船舶停靠装卸货的建筑物。进一步理解，船舶停的地方叫港池，靠的地方叫码头。

毫无疑问，码头泊位是港口的核心建筑物。它一个水陆结合点、转换点。现代港口中，客运和货运基本分离。一般来说，现代港口以货运为主，因此客运码头的技术要求要低于货运码头。本文所说的码头专指大型货运码头，也就是各类大型货轮进出、停靠、装卸货物的码头。

现代货轮一直朝着大型化、专业化发展。前文描述了中国港口从1万吨级突破，经历了10万吨级、20万吨级、30万吨级甚至更高吨级的发展，就是说码头要具备停靠载重1万吨直至10万吨、20万吨、30万吨的货船，并能迅速装卸货物。当然，今天的大型港口中，大船和小船会停靠不同的码头，这样就能提高码头的装卸效率。

显然，船越大载重越大，船舶吃水就越深，因此就要求码头或港池有足够的水深，码头结构足够牢固可靠。现在最大的散货船载重超过40万吨，它的吃水会在20米以上，也就是说，必须要有20米以上的深水区来让它航行和停靠。建设深水码头，就是现代码头建设技术含量最高的地方。

码头必然要分布在岸边，因此会有三种布局方式。一种叫顺岸式，码头的前沿线与自然岸线大体平行，这样建设码头，陆域宽阔，疏运交通布置方便，工程量较小。第二种叫突堤式，码头的前沿线布置成与自然岸线有较大的角度，这样就能在一定的水域范围内建设较多的泊位，不过突堤宽度往往有限，每泊位的平均库场面积较小。第三种叫挖入式，就是利用沿岸低洼地，人工开挖形成港池。

根据专业术语，码头由上部结构、下部结构和码头设备三部分组成。下部结构的根基是在海底的泥沙中甚至直达基岩，出水的部分和上部结构结合在一起。上部结构包括梁、板、胸墙等，安装着各种码头设备，成为一个作业面。下部结构承载着自身重量、上部结构以及各种设备的重量，这些重量最终依靠水下的地基承担。

我们可以打个比方，码头就像一面又宽又厚的混凝土墙，墙的基础深深地扎在水中，大部分墙都在水下，墙头有各种机械设备。大船来了停靠在墙边，货物在墙头装卸。但是，将码头建成又宽又厚的墙，可能费力又费钱，因此，人们将混凝土墙简化成一个混凝土箱子，可以是长方体也可以是圆柱体，安放在海底坚固的泥沙中，甚至安放在基岩上。为了确保箱子稳固，里面可能装有砂石等，箱子上面安装各种设备，大船来了停靠在箱子边，人和各种设备在箱子顶上装卸货物。为了继续节省人力物力，人们进一步将墙或者箱子简化成一个混凝土桌子，桌子腿扎在海底，为了确保桌子腿坚固，可能采用钢管桩或者钢桩，桌面上安装各种设备，大船来了停靠在桌子边，人和各种设备在桌子上装卸货物。

这样一来，我们就能理解不同类型的码头结构。根据使用要求、自然条件和施工条件，码头结构一般有重力式、高桩式和板桩式。

重力式码头就像一面又宽又厚的墙或者多个巨大的箱子，靠建筑物自重和结构范围的填料重量保持稳定，这种码头结构整体性好，坚固耐用，损坏后易于修复。在建设中，可以在现场浇筑，也可以在岸上预制好之后进行安装。但是，重力式码头建设时间长，也需要大量的砂石等。

板桩码头就像一面比较薄的墙，由板桩墙和锚碇设施组成，并借助板桩和锚碇设施承受地面使用荷载和墙后填土产生的侧压力。板桩码头结构简单，施工速度快，除特别坚硬或过于软弱的地基外，均可采用。显然，板桩码头不如重力式码头那样坚固。不过现代码头建设中采用格形钢板桩码头，已经非常牢固可靠。

高桩码头就像一个个坚固的桌子排列摆放，由基桩和上部结构组成，桩的下部打入土中，上部高出水面，上部结构有梁板式、无梁大板式、框架式和承台式等。波浪和水流可在高桩码头平面以下通过。现代高桩码头广泛采用长桩、大跨结构，并逐步用大型预应力混凝土管柱或钢管柱代替断面较小的桩。高桩码头尤其适用于远离陆地、水比较深的地方。

现代港口中，专业化已经是一个基本特征，因此码头可以分为渔码头、油码头、煤码头、矿石码头、集装箱码头、游艇码头，以及港内工作船使用的工作船码头、为修船和造船工作而专设的修船码头等。

一个现代化大型港口肯定要停靠许多船只，因此就需要很多面墙或者很多箱子、桌子。他们分布在不同地方，供不同的船只停靠并装卸货物。这就是码头岸线，也就是停靠船舶的沿岸长度。根据船舶吃水深度和使用性质等的不同，一般分为深水岸线、浅水岸线和辅助作业岸线等。港口各类码头岸线的总长度是港口规模的重要标志，说明它能同时靠码头作业的船舶数量。

人们装卸货物，必然要有足够的空间来存放各类货物，这就要求以码头高度为水平线，形成足够大的场地，建设各种货物的存放区域，这就是港口的堆场。

另外，现代港口建设中，必然受到海浪的影响，因此，如果没有合适的天然海湾，就需要建设长长的防波堤来削弱洋流对港口的影响，给船舶停靠和装卸货物提供一个平静的环境。

不过，由于现代运载原油和液化天然气的专业船舶越来越大，抗御风浪能力大、吃水深，因此它们往往不需要防波堤掩护就能够在距离陆地比较远的外海停泊；同时，油气可以通过管道来装卸，这样就不需要码头有太高的承载力，装卸设备虽然技术含量高，但是往往较小较轻。因此人们根据石油和液化天然气的特点，建设了专门的码头，分成单点系泊、多点系泊、岛式和栈桥式等不同形式的码头结构。前三种一般没有防风浪建筑物，最后一种是否设防风浪建筑物，要视布置形式和当地条件而定。栈桥式码头就是在深海处建一个码头，再通过栈桥和陆地连接，油气管就可以通过栈桥引到岸上。单点系泊就是在开敞的海中建一个固定点，这个点可能是一个固定在海底的墩岛，也可能是用多个水下锚链拴住一个浮在水面的浮筒，油船来了拴在这个"单点"上。有风浪流的时候，船可以绕着这个点在海面上旋转，在风标效应下，船会停泊在受力最合理的地方。浮在海面上的浮筒用软管和铺设在海底的管道连接起来。油轮停靠之后，原油通过漂浮软管进入浮筒或墩岛，再通过软管进入海底管线，输送到岸上的原油储罐中。如果采用浮筒的话，其可在一定范围内随风浪流漂浮移动，减少与巨轮间发生碰撞的危险。这样一个单点就成了海上中转站或者"浮动的码头”，大型船舶就可以在距离岸边较远的深海处来系泊和装卸原油，这就解决了世界上绝大部分港口航道较窄、较浅、规模较小的问题。单点系泊能够 360 度不受限制地自由旋转，因此可以在有效浪高 3.5 米的情况下进行原油接卸，而且不需要考虑风、浪、流转变引起的影响，因此受气候影响较小。

（二）中国码头建设半个世纪的探索实践

虽然中国有着悠久的航运发展史，但是近代中国遭到列强入侵，国家治理崩溃，航运技术发展不仅毫无进展，甚至整个产业逐渐凋敝。虽然西方列强在和中国不平等的贸易中也带来了一定的现代航运技术，但关键之处全部掌握在外国人手中。

因此，新中国成立之初，港口建设技术方面可谓一片空白。广大港口建设者以前所未有的热情开展了轰轰烈烈的港口建设，但仅仅是积累了一些经验，整体技术水平仍处在低水平的起步阶段，工程装备也是东并西凑、修修补补。

天津新港 1952 年开港，是新中国成立后第一个自行设计改建、也是中国历史上由中国人自己设计改建的现代深水港口。1955 年筹划建设的湛江港，是中国历史上第一座中国人自己规划设计的万吨级港口。在这些港口码头的建设中，关键设备仍格外简陋，数量少、能力低，码头建设技术资料普遍残缺不全，整体技术力量缺乏，技术水平、管理水平均比较低。尽管如此，广大工程技术人员和全体职工发挥聪明才智，群策群力，动脑筋提建议，度过一道道难关，筑港队伍逐渐成长起来，掌握了现代筑港技术，改变了旧中国港口建设依赖外国人的局面。

在这一阶段的港口建设中，苏联给予了重要的支持，从技术、管理、工程等方面带来比较先进的经验，也带来了管理和体制方面的经验。在塘沽新港建设中，苏联技术专家针对一号码头的设计，提出了改进建议。在湛江港建设、青岛港整修中，苏联专家都提出了积极的建议。

改革开放以来，中国港口建设迅速发展，港口码头建设技术取得长足进步。20 世纪的后 20 年，中国一批新建散货码头的设计方案、施工工业、设备选择，都达到了同一时期国际同等水平。

（三）中国形成世界领先的码头建设技术体系

通过一代代建港人的持续积累和创新，进入 21 世纪，中国港口码头建设技术开始由世界先进水平的追赶者向并跑者、领先者转变。中国掌握了大型、超大型专业化码头建设能力和成套技术，使中国沿海大型、超大型专业化码头建设取得了长足发展，在数量快速增多的同时，尤其体现了大型化、现代化的发展趋势。港口建设基础研究不断深入突破，设计理念和方法有了较大提升，新材料应用研究取得巨大进步，相关的地基处理技术、新结构开发、装卸工艺达到世界先进水平。

“中国有了在世界任何地方建设港口的实力。”这是新华社记者 2016 年的报道。

码头首先是一种建筑结构。近 10 年来，中国港口建设不断发展和改进码头的建筑结构形式，形成了新结构的设计理论和计算方法。码头建设向深水化、大型化发展，配合吹填造陆技术、高桩技术、沉箱技术的发展，深水港在中国沿海相继建成。这些技术也推动了中国码头规模的大幅度提升，由以前的 10 万吨—20 万吨级发展到 40 万吨级，散货船达到了 40 万吨级，油船达到了 45 万吨级。

和所有的建筑结构物一样，码头这种建筑结构也需要有坚固的基础。码头越大，对地基基础的要求越高。中国港口建设中码头规模的大型化带动了地基处理技术的发展。软基处理、土工织物软体排、水下整平、沉箱预制和拖运等技术不断提升。地基处理规程、规范不断充实完善，建筑材料不断更新，工艺不断进步，施工设备能力不断加强，中国以真空预压为代表的地基处理技术已处于国际领先水平。

当船舶靠泊进行装卸时，需要一个风平浪静的环境。同时，港口整体上也需要一个免受风浪影响的环境。这样一来，防波堤就成为港口的一个重要设施。它在港口水域的外围，就像一个半封闭的水上长城，防御波浪袭击，保证港内水域平稳，为船舶提供平稳、安全的停泊和作业条件。防波堤也能够减少或阻止泥沙进港，减轻港内淤积。随着港口规模越来越大、越来越走向深水，防波堤的能力也必须不断提升。中国港口建设在传统防波堤的基础上，发展出规模更大的直立堤结构。江苏省连云港徐圩港区 30 万吨级航道就采用了新的大圆桶防波堤，用 389 个长 30 米、高 20 米、重达 3200 吨的庞然大物蜿蜒成 8.2 公里的“海上长城”。这个技术解决了淤泥质海岸带软土中建设防波堤的难题，采用无底混凝土桶式结构设计方案，就像一个倒扣的茶杯。这个看似简单的方案，从设想到实践花了 7 年的时间。过去，港口的斜坡式防波堤需要大量石料，而且低潮时大型船舶无法靠泊。而“超级圆桶”是直立式防波堤，节约了 80% 的砂石料，相当于为连云港省下了一座青山。除此之外，该技术还解决了低潮位时大型船舶的靠泊问题，提高了寸土寸金的港口岸线的使用效率。

所有这些技术进步、系列技术研究成果极大地推动了中国集装箱、煤炭、原油、铁矿石、粮食等专业化码头建设等级的提升和规模的扩大，实现了中国港口建设水平系统性迈入世界先进行列，形成了布局合理、工艺先进和配套齐全的水运基础设施，有力保障了中国能源、原材料等大宗货物运输和对外贸易的快速发展。

进入 21 世纪以来，中国港口建设技术整体上可谓是一种集成创新的发展，不仅在点上有持续的创新，还从系统上形成整体创新。我们可以用一个持续近 10 年的技术专项来总结。

2006 年 12 月，交通运输部科技司与中国交通建设集团签订了“十一五”重大科技攻关专项“离岸深水港建设关键技术研究”任务书（合同）。由此，交通运输部组织、中国交建牵头，院士领衔，联合行业内 28 家科研、设计、施工、建设单位的 247 名科技人员，开始了产、学、研、用联合攻关。该项目成为新中国成立以来中国水运工程最大的技术开发项目。项目从中国国情出发，针对中国离岸深水港建设的特殊自然条件，从海洋动力环境与深水港规划布置、海上建筑物耐久性与寿命预测、波浪作用下软土地基强度弱化规律与新型港工结构设计方法和深水大浪条件下外海施工技术与装备等四个重点研究方向，对离岸深水港建设的关键技术问题组织科技攻关。这个项目主要取得了三项研究成果：一是中国具备了在离岸深水区建设现代化港口的能力，二是中国实现了在粉砂质海岸建设港口，三是让软土成为大型码头的基础。

中国港口建设的技术提升之路并没有因为巨大的成绩而停步。

2019 年，交通运输部联合国家发展改革委、财政部、自然资源部、生态环境部、应急部、海关总署、市场监管总局和国家铁路集团联合印发了《关于建设世界一流港口的指导意见》，目标是到 2050 年，全面建成世界一流港口，形成若干个世界级港口群，发展水平位居世界前列。

二、疏浚船舶：水下道路建设者

港口建设需要疏通航道。疏浚似乎是个古老的行业。中国大禹治水，可能是最早的河道治理。所以说，国之润，自疏浚始。不过，中国现代疏浚业，可以从 120 多年前算起。因为大规模的航道疏通无法靠人力来进行，需要现代机械设备。所以，我们可以把中国疏浚业发展和中国港口航道建设的历史，大致上看作是中国疏浚船舶的发展史。

（一）新中国成立前的航道建设

相对港口码头建设一片空白的起步阶段，航道建设在新中国成立之前的半个世纪中有了一定的积淀，既有了一定的建设设备，也有了管理建设的人才和经验。

海河工程局、浚浦工程总局分别于 1897 年在天津和 1905 年在上海诞生，成为中国近现代化疏浚业的发端。这两个疏浚工程局在诞生之初，首要任务就是购置和投入使用机械化疏浚装备。

海河工程局 1902 年从荷兰购进了首艘链斗挖泥船——“北河”号，生产率为每小时 180 立方米。后来相继从国外购置了“新河”“燕云”“中华”“西河”“高林”等挖泥船。为了维护这些船舶，海河工程局建立

20 世纪 20 年代的“建设”号挖泥船（中交上航局 供图）

了天津小孙庄船厂，修理、组装挖泥船，也承担少量的挖泥船制造工作。1909 年，小孙庄船厂建造了中国第一艘煤油机动力链斗挖泥船——“金钟河”号。1902 年海河工程局购买了“北河”号，是以组装件运达海河工程局的。这条船在建设者的精心使用和保养下，成为神奇的挖泥船。自购买后，始终是海河工程局的主力挖泥船，一直使用到新中国成立之后，性能仍然保持良好。1969 年，“北河”号调给辽宁省丹东航道管理处，直至 1992 年报废，整整服役 90 年。

浚浦工程总局成立之初，主要以租用或者说被强迫租赁外国挖泥船开展业务。1916 年以后，才能建造船舶，也购置了舱容 3250 立方米的“建设”号自航耙吸船。

（二）新中国成立后的疏浚作业

新中国成立之际，海河工程局拥有挖泥船、吹泥船 9 艘，其余船舶 27 艘；上航局共拥有挖泥船 11 艘，其余各类船舶 107 艘。1954 年，广州区疏浚队（今天中交广州航道局的前身）成立，初期接管施工船舶 6 艘。这几乎是新中国挖泥船的全部家当。

60 年代末，中国投入资金充实挖泥船队。上航局为了长江口航道施工，投资并由上海江南船厂自行设计、建造了两艘 4500 立方米自航耙吸挖泥船“劲松”轮、“险峰”轮，“劲松”轮后来改名为“航浚 4001”，至今仍在服役。广航局到 1972 年拥有各类船舶 32 艘。

整体来看，这一时期中国挖泥船队设备老化、技术落后、效能低下、经济性差。

1973 年，周恩来发出“三年改变港口面貌”的号召，但当时中国还没有能力建设先进的挖泥船。为满足“大建港”需要，国家投入约 2 亿美元先后进口了近百艘各类型工程船舶。1973 年至 1978 年，天航局购置和建造 13 艘挖泥船；上航局购置吹泥船 4 艘，其余船舶 83 艘；

1966 年，天航局引进双边耙自航耙吸式挖泥船“津航浚 102”轮。（石龙水 供图）

广航局购置挖泥船 14 艘，建造辅助船舶 59 艘。

大量疏浚船舶的购置引进，让中国形成了一定规模的挖泥船队。这些挖泥船功率大、挖深大、吹距长，其技术性能接近当时国际先进水平，全面加快了建港速度，提高了疏浚质量，完成了国家的建港任务。

改革开放后，中国持续更新疏浚船舶。1979 年至 1985 年，天航局利用贷款和国家拨款购置了各类船舶 56 艘；上航局从日本引进 5 艘 4500 至 6500 立方米耙吸船、边抛挖泥船，进一步提升了生产能力。其中，天航局从日本进口了每小时可疏浚 2500 立方米的绞吸挖泥船“津航浚 215”，这是当时中国最大的现代化绞吸式挖泥船，具有挖岩功能。此后，天航局学习“津航浚 215”，在国内成功建造了中型绞吸挖泥船“津航浚 216”。

不过，挖泥船制造的核心技术仍然掌握在西方个别公司手中，中国还是没有能力建设先进的挖泥船，这种状况一直持续到 2000 年。

（三）疏浚船舶：从国产化改造到自主设计制造

2000 年以后，中国开始了挖泥船的国产化改造，并迅速开始挖泥船的自主设计建造。

2001 年，上航局进口了国内首条每小时可疏浚 3500 立方米的大型绞吸船“新海豹”；2002 年，又投资 1 亿美元在荷兰 IHC 船厂建成当时世界最先进、自动化程度最高的大型耙吸挖泥船“新海龙”。特别是“新海龙”，其先进的设备、高精的技术含量、现代化的电脑操控系统、科学高效的作业功能，是当时国内所有挖泥船可望而不可即的，引起了中国疏浚造船界的极大触动甚至震动。2004 年，广航局在荷兰建成万方耙吸船“万顷沙”，其精良的设备性能在当时也令人瞩目。

“万顷沙”挖泥船（中交广航局 供图）

航行中的“新海虎 4”轮（陈泽华 供图）

“通途”轮建设天津港 30 万吨级航道（许让利 摄）

从此，中国开始全面学习制造挖泥船。

2005 年，上航局和天航局先后与中船七〇八所合作开展大型耙吸船研发，两年后在广州文冲船厂相继成功建造出了舱容 1.35 万立方米的“新海虎”轮和 1.3 万立方米的“通旭”轮，填补了中国设计建造万方级大型耙吸船的空白，中国由此成为世界上少数几个掌握这项主流技术的国家。2008 年，中国又建造了大的疏浚船“新海凤”轮，这艘船配备了国内建造的最大泥泵，可在最深 42 米的海中完成挖、抛泥作业，还可在浅水域中将泥沙通过大口径软管直接吹至岸上，从而满足国内各大港口航道不同土质、不同工况条件下的疏浚和吹填作业。

在“新海龙”轮基础上，“新海凤”轮等几十条大型耙吸船相继建成投产。其中，特别是中国研制了新一代自航耙吸挖泥船，包括舱容 1.8 万方“通程”轮、2 万方“通途”轮等大耙，打破了少数发达国家的垄断，标志着中国进入建造两万方级超大型耙吸挖泥船的行列。

这一时期，中国主要集中力量建造了耙吸挖泥船。随着工程建设的需要，中国开始建造大型绞吸挖泥船。

2004 年以前，国内仅有几艘每小时可疏浚 2000 立方米以上的绞吸挖泥船，而且全部依靠进口。2005 年，为满足长江口工程建设需要，上航局联合上海交大船舶与海洋工程研究所、南通永汉船务有限公司，建成国内首艘自主设计、自主建造的大型绞吸挖泥船“航绞 2001”。由于缺乏经验，这条船基本是边设计、边建造、边修改。不过，恰恰是这个过程为中国自主设计建造大型先进绞吸船积累了宝贵经验。2006 年，天航局“天狮”和上航局“新海鳄”建成投产。中国开始进入自主设计建造大型先进绞吸船的阶段。

“天鲲号”首航测试（黄少康 供图）

此时已经整合到中国交通建设集团的天航局、上航局、广航局联合国内知名船舶设计所、船舶制造企业，在总结“航绞 2001”“新海鳄”“天狮”等绞吸船设计建造经验的基础上，继续攻关，累计建造绞吸船几十艘。“天鲸号”就是其中的明星，于 2008 年开工建造，2010 年建成，绞刀功率达 4200 千瓦，集成了国际最先进的职工挖泥控制系统。它的基本性能是，能在 1 小时内挖掘 4500 立方米的泥沙海水混合物并输送到 6 公里以外，这相当于把一个标准足球场挖半米深。它不仅可以疏浚黏土、密实沙、碎石，还可以开挖耐压为 40 兆帕的花岗岩，也可以在深海与远海抗击更强的台风和海浪。这是当时亚洲第一大、世界第三大的自航绞吸船。此前，国内根本没有此类船舶的建造记录。因此，从初步设计到技术规格书制定，再到生产设计，整个过程的每一步都充满艰辛。通过“天鲸号”及几十艘大型绞吸挖泥船的成功建造，中国挖泥船建造实力突飞猛进地发展，自主创新能力显著提升，多项技术达到世界领先水平。

在此基础上，天航局联合中船重工七〇八所经过 5 年攻关，完成 5000 千瓦重型自航绞吸船“天鲲号”的研发设计工作。在“天鲲号”的建造中，天航局组织了 200 多名专业人员组成强大的设计研发队伍，并按照船体、轮机和电气等不同系统，细分了 11 项子课题进行专项攻关。挖泥船有两个坚固的钢桩，在深海作业时，一根插入海底，实现船舶固定，另一根则在需要移动时帮助船舶“行走”。这两根巨型钢桩，就是船舶的“定海神针”。研发团队计划为“天鲲号”配置柔性钢桩，耗费了整整一年时间来吃透柔性钢桩的技术要领。“天鲲号”于 2015 年开工建造，2017 年建成。

由此，我们可以概括地说，通过科技创新，中国掌握了国际领先的大型深水航道建设成套技术，实现了深水航道治理技术的重大突破，推动了航道建设与疏浚产业不断发展。尤其是近 20 年来，通过科技创新让疏浚业成为中国经济建设、社会发展和环境保护的重要行业，实现了疏浚技术和设备迅速发展，疏浚信息技术得到长足进步。在这个过程中，中国逐步形成了疏浚施工企业、疏浚设备制造厂商、配套设备制造厂商、行业协会、高等院校科研机构等组成的国家疏浚工业产业体系。

（四）挖泥船的原理

我们需要对挖泥船的基本原理做一个简单描述。

挖泥船从名称就可以看出它的功能，就是用来挖掘水下的泥沙，有的时候还要挖掘水下坚硬的石头。挖掘泥沙和石头的目的是为船舶建造水下道路（航道），在靠近岸边的地方挖出巨大的池子（港池）来停船。我们可以把它认为就是为船修路、修站的机器。因此，挖泥船的主要任务就是开挖港池、航道，也要对既有的港池、航道继续挖深、加宽，还要清理港池和航道。

在很多情况下，挖泥船也用来清理河道和运河。当河流带来泥沙淤积河道的时候，挖泥船就要挖掘河道里的泥沙并把这些泥沙运走。当河流河道不理想的时候，挖泥船还可以对河流河道进行裁弯取直，甚至挖掘出新的河道。

有的时候挖泥船还可以挖掘湖泊。人类的生产生活会导致湖泊中形成大量的污泥，这时就可以用挖泥船把这一层污泥清理掉。随着人们对环境越来越重视，湖泊治理也成了挖泥船的重要任务。

现代社会中，城市土地越来越紧张，一些沿海城市往往要在海中填出新的土地。这主要依靠挖泥船来吹填造地。于是，挖泥船把河流里面淤泥的泥沙挖掘出来，填到别的地方，就有了一举两得的作用：一方面，疏通了河道；另一方面，填出新的土地。天津曾经利用疏浚海河的泥土填出了大量的土地。上海也利用长江上游带来的大量泥沙填出了许多土地。人们也会直接在海中填出海岛用来建造城市、机场等，挖泥船就从一块远处的海中挖出泥沙填到近处的海域中并形成陆地，这就是填海造地。

为了执行这些工作任务，挖泥船就要配备相应的工具。一个最重要的工具就是挖泥或者挖石头的利器。除了这个利器，还需要有个巨大的泥泵来把挖掘的泥沙从水底吸上来，然后暂时存放在船舱或者用管子输送到远处。因此，挖泥船和其他船舶的重大区别就在于，挖泥船需要有挖泥工具、泥泵、输泥管。不同的挖泥船装备了不同的组合，形成了不同的类型。

一般来说，人们根据挖泥船的挖泥工具，将其分成不同的类型。现在常用的挖泥船有三种：绞吸式、耙吸式、抓斗式。

1. 绞吸式挖泥船

绞吸式挖泥船顾名思义就是用一个巨大的绞刀来挖掘泥沙和石头。这个绞刀头像一个巨大的钻头，决定了绞吸式挖泥船的能力。衡量绞吸式挖泥船的能力一般有两个指标，一个就是看它一小时能挖掘多少立方泥沙，另一个就是看它驱动绞刀头的电动机的功率有多大。

绞刀头位于挖泥船的船头，小一点的挖泥船绞刀头直径为 2 米多，大的会超过 3 米。绞刀头上还布满尖利的像牙齿一样的东西，这就是绞刀头的刀齿。绞刀头安在一个坚固的大梁上，这个大梁可以抬起来，工作的时候放下，这样绞刀头就钻到水底。

中国建造的“天鲸号”挖泥船就是一个经典的绞吸式挖泥船，它的绞刀头超过了 3 米，挖泥的能力是每小时可以挖掘 4500 立方米的泥沙。它专门用于挖掘岩石的绞刀头，单个刀齿造价高达 1500 元，电动机功率是 4200 千瓦，可以挖掘耐压强度高达 40 兆帕中风化及强风化的岩石。也就是说，这个绞刀头可以轻松绞碎我们日常生活中的混凝土。

绞吸式挖泥船有个巨大的钢桩，一般安装在船尾。挖泥的时候，它来到指定的地点，把巨大的钢桩插到海底。绞吸式挖泥船的钢桩也相当于一个圆规的规脚，依靠这个支点，它就可以在一个扇形的平面上转动，绞刀就以桩为圆心，做扇形摆动，击碎岩石泥沙。

我们可以用人在墙上打孔来比喻。人用电钻在墙壁上打孔的时候，必须两腿稳稳当当地站住，用手握着电钻来打。挖泥船的钢桩就像腿脚，它深深地扎在海底，大梁相当于胳膊和手，手握着的电钻就相当于绞刀头。不同的是，人需要两只脚，挖泥船只需要一个钢桩。一般情况下，挖泥船会配备两个钢桩，一个工作一个备用。当挖泥船工作一段时间后，就会把钢桩提起来，船往前或者往后移动，然后再次插入钢桩，依次循环，不断挖泥。

和一般绞刀不同的是，挖泥船的绞刀头是空心的，好比一个带绞刀的吸管。它一边挖泥或者把岩石绞碎，一边通过强大的泵把这些泥沙岩石吸上来，然后通过大管子输送到远处。也就是说，这个泵一边

绞吸式挖泥船绞刀头（《交通建设报》供图）

从海底吸泥沙碎石，一边又把泥沙碎石吹出去。显然，挖泥船挖泥沙的目的是清理港池航道，就要把泥沙碎石尽量吹到远离港池航道的地方。因此，这个泵既需要强大的吸力，也需要强大的吹力。吹力也是衡量一个挖泥船能力的指标。当然，如果要把泥沙吹到很远的地方，但挖泥船自身的吹力不够大的话，挖泥船就会把泥沙碎石存放在船舱里，然后运到指定的地方，再把泥沙碎石倒在水中或者吹上岸。“天鲸号”最远能把挖出来的泥沙碎石吹到 6 公里以外。

我们看到，挖泥船工作的时候需要移动。有的挖泥船自身没有移动能力，需要拖船拖着它移动。有的挖泥船自身有移动能力，就可以自由航行、挖泥。在世界范围内，多数绞吸挖泥船没有航行能力，船舶每换一处工作位置均靠拖船带动。“天鲸号”是亚洲第一艘具备无限航区航行能力的绞吸式挖泥船。

2. 耙吸式挖泥船

另一种广泛使用的挖泥船是耙吸式挖泥船。如果说绞吸式挖泥船的核心利器绞刀头像一个大钻头，那么耙吸式挖泥船的核心利器就像一个耙子。不过这个耙子又大又坚固，而且还很锋利。现代大型耙吸式挖泥船在船身两侧各有一个长长的大铁臂，一头安在船上，一头安着大耙头。平时，大铁臂就紧贴船身平放着，工作的时候就通过钢丝绳吊着放到海底。这样一来，耙吸船就是一条大船拖着两个大耙。不过，既然是耙子，船不动的时候，耙子几乎不能发挥作用，当船开动的时候，大耙子就耙动水底的泥沙。同样，耙吸式挖泥船的大铁臂和耙头也是空心的，像个吸管一样。在挖泥时，大耙一边耙动水底的泥沙，一边通过强大的泵把松动了的泥沙碎石吸上来，同时，这个泵还可以把泥沙吹到别的地方。

这样看来，耙吸式挖泥船能够一边走一边挖一边吸。因此，它要比绞吸式挖泥船更加灵活机动。现代航道拓宽加深，一般都是在确保航道通行的同时来进行。因此，耙吸式挖泥船在挖泥的时候，对航道的正常运行影响较小。

耙吸式挖泥船能够挖掘泥沙碎石，但是它不能挖掘过于坚硬的石头。因此，耙吸式挖泥船挖掘石头的能力要略逊一筹。有时候，耙吸式挖泥船面对一些沉淀致密的泥沙也会力不从心。

在港池航道挖泥后，就要把挖掘出来的泥沙运输到较远的地方，这仅仅依靠泥泵的吹力是不够的。而耙吸式挖泥船一般都会把吸上来的泥沙暂时存放在自己的船舱里，挖满一舱之后就可以跑到很远的地方倒掉，或者进行填海造地。因此，耙吸式挖泥船的一个衡量指标就是看它的舱容量。中国已经有了舱容量超过 2 万立方米的耙吸式挖泥船，世界上舱容量大的耙吸式挖泥船超过 4 万立方米。

世界范围内一些国家需要填海造陆，这就需要大量的泥沙。但是有的国家缺少沙子，因此它们就让挖泥船去深海挖掘泥沙。耙吸式挖泥船可以到较深的海底取沙并长距离运输，这是耙吸式挖泥船的优势。一些大型耙吸式挖泥船可以到超过 50 米深的海底挖沙。

可以看到，相对而言，绞吸式挖泥船挖泥能力强，在短距离挖掘吹填中有优势。在长距离作业中，耙吸式挖泥船有优势。而且，耙吸船自航、自载、自卸，并且在工作中处于航行状态，不需要定位装置，挖淤泥时效率高。

3. 抓斗式挖泥船

在这两种主力挖泥船之外，还有一种抓斗式挖泥船。它有一个巨大的抓斗，可以依靠抓斗本身的重量放入海底抓取泥土。抓到泥沙之后，再把抓斗吊起来，转到合适的地点将泥卸掉。抓斗挖泥船一般需要配备泥驳。抓斗挖泥船可以在对挖掘泥沙精度要求比较高的地方使用，也可以在绞吸船、耙吸船施展不开的地方使用。

（五）对挖泥船的精确定位控制

挖泥船是个庞然大物，一举一动都是大动作，在水底挖泥的过程，就是给大船修路的过程，对它的控制就要精打细算。挖少了，意味着路不平，可能会影响船舶的航行；挖多了，意味着浪费了挖泥船的人工、油料、机械。因此，最好的控制就是能够精准地挖泥，不多也不少。用专业术语来说就是提高精确度，有效控制超宽超深，减少废方。

早期中国挖泥船的控制定位，是靠船员用肉眼采用光学仪器目测航道导标来完成的。精度误差达到十几米甚至是几十米，精确度根本无法保障，废方很多，效率低下。

20 世纪 70 年代末，中国开始将国产无线电定位仪用于疏浚水深测量及挖泥船扫浅定位。该设备虽为自动测距技术，但仍需人工辅助。1983 年，中国首次引进美国的微波定位系统，能够达到米级的控制精度。1992 年，中交天航局引进全球卫星定位系统定位技术，将疏浚超宽控制由传统光学定位的几十米提高到几米的水平。

2001 年，中国研制了一种叫“挖泥船自动监控设备及高效耐用机具”，也就是给挖泥船加上自动化监控技术和疏浚数据计算机辅助分析技术。其中，挖泥船自动化监控系统利用计算机、网络、传感器等技术，对疏浚设备进行控制与监测，采集、处理、记录多种信息，通过网络结构实现数据共享，为操纵人员提供监控信息。也就是说，操作人员可以在屏幕上实时看到疏浚工具的水底位置，也能看到实际挖深结果。这一项技术成为中国疏浚技术最重要的特色和创新，也成为中国企业的独门绝技。

随后，中国企业又研发了“耙吸挖泥船精确与高效自主疏浚集成控制关键技术”，进一步提高了挖泥过程的精确定位控制，并对挖泥船疏浚作业各设备进行监测与自动控制。

在这个过程中,中国挖泥船的控制精度从几十米到十几米,再到米级。

（六）航道建设技术

所有这些，使中国拥有了国际领先的大型深水航道建设成套技术，实现了重大突破，推动了航道建设与疏浚产业的不断发展。

以北方大港天津港为例，一百多年来，中国交建在天津港及其关联水域完成了航道裁弯取直、三期建港、主航道的拓宽与加深、双航道建设、陆域吹填，以及 10 万吨级到 30 万吨级航道一期等诸多重大工程，除了为天津港吹填了超过 100 平方公里的宝贵港口用地外，还为其开挖出一条水深超过 21 米、30 万吨级船舶可通行无阻的黄金水道，累计为天津港疏挖泥土超过 11 亿立方米，如果用这些泥土修筑一条断面 1 平方米的土堤，可环绕地球赤道 27 圈。吹填工程使天津港成为世界等级最高的人工深水港。据估算，天津港每万吨吞吐量对 GDP 的贡献约为 120 万元，对周边地区就业的贡献为 26 万人，成为带动区域经济发展的强力引擎。

中国也完成了长江口深水航道整治工程，形成了“长江口深水航道治理工程成套技术”。创新成果还被迅速应用到上海洋山深水港、黄骅港外航道、杭州湾大桥等一批国家重点工程建设中。该成套技术的创新成果多达 74 项，其中原始创新 49 项。长江口深水航道治理工程是中国历史上规模最大、技术最复杂的水运工程，是世界上巨型复杂河口航道治理的成功典范。长江南京以下 12.5 米深水航道的建成，将进一步加快长江“黄金水道”向内河延伸，南京以下内河港口将比肩沿海港口，与国际贸易实现无缝衔接，5 万吨级船舶可直达南京，第五和第六代大型远洋集装箱船和 10 万吨级散货船可乘潮通过，使国际远洋运输向长江深入约 400 公里。工程完工后，每年可节约运输费、中转费等直接物流成本近 90 亿元，直接拉动新增 GDP 约 215 亿元。一、二期工程相继获得詹天佑土木工程和国家优质工程金质奖。

三、集装箱起重机：世界贸易之臂

在港口运输中，相对于矿石、煤炭等，集装箱运输往往是附加值较高的产品。当我们来到集装箱码头的时候，可以看到整齐的钢铁巨人排列在码头上，长长的手臂升向空中、面向大海。这些巨人就是集装箱起重机，俗称“岸桥”。在全球贸易链条中，这是最为壮观的景象。于是，人们把集装箱起重机称为“世界贸易之臂”。

这个贸易之臂的力量和速度决定了集装箱装卸的效率，也决定了一个港口的效率和现代化程度。

在港口建设中，以集装箱起重机为代表的中国港口机械装备工业从零开始，通过近 30 年的努力，掌握了大型、高效港口机械装备核心技术，实现了在国际产业竞争中后来居上，中国集装箱起重机品牌被全世界用户视为质量好、价格公道、最能准时交货、最具竞争力的优质品牌。

振华重工是这一辉煌的创造者，也是这一领域的全球龙头。振华重工的发展史代表了中国港口机械的崛起史。这个历史是一个不寻常的创业故事。

（一）不同寻常的创业路

一般而言，企业研发新产品，总会从本地区域市场起步，扩展至本国市场，然后逐步进入全球市场。但是，振华重工则完全相反，首先进入全球高端市场寻求单点突破，然后抢占全球市场，最后回到中国市场。

1992 年初，振华重工在上海浦东成立。从 150 万美元、十几个人起家，振华重工用了不到十年时间，用集装箱起重机逐一打开世界著名港口的大门，最终形成席卷全球之势。

20 世纪 90 年代初，国际集装箱运输业空前繁荣，全球集装箱起重机需求旺盛。振华重工成立之后，就瞄准了集装箱起重机。当时，德国克虏伯、日本三菱和三井、韩国现代等早已是深入人心的重工品牌，世界著名港口根本容不下所谓的“杂牌”港机，其他港口更不会贸然采用。放眼国内，港口基本也是“多国联军”产品。振华重工连“国内联赛”都没有参加过，更不具备参加“国际大赛”的资格。此时，振华重工连自己的名号都没有，仅仅以兄弟单位上海港机厂的名义开拓市场。在新加坡市场，振华重工曾经 5 次投标不中。

一份与温哥华港口的订单为振华重工带来了希望。温哥华港是世界著名港口之一，当时以上海港机厂名义竞标的振华重工，凭借价格优势和认真严谨的态度在众多竞标者中脱颖而出。振华重工上下憋足了劲，要将第一台产品做到最好。在全力以赴工作了许多个日夜后，第一单成功交货。第一单尽管没有为振华重工带来多少利润，但却为振华重工赢得了好名声。第二年，温哥华港口又向振华重工采购一台产品。

振华重工为温哥华港用户生产的第一台岸桥（振华重工 供图）

美国是集装箱起重机的故乡，但此时已退出起重机制造市场，没有本土企业参与竞争。1994年，振华重工在国际招标中一举中标，为美国迈阿密港制造4台超巴拿马型岸桥，这是振华产品首次进入美国。对于这宝贵的第一单，振华人全力以赴，确保优质，按时交货。为了解决海上整机运输问题，振华重工决定打造自己的整机运输船。次年，振华重工使用自行设计改装的整机运输船，运载迈阿密岸桥成功首航美国。

1995年，振华重工夺得美国塔科玛和奥克兰港两项港机订单。1997年，振华重工夺得中远集团和美国SSA联合采购的用于长滩港

振华重工提供的美国西雅图港岸桥（振华重工 供图）

的 6 台岸桥订单。为了将 6 台起重机一次性运抵长滩港，振华重工又改造了一艘大型整机运输船“振华 4 号”。强大的整机运输能力成为振华重工的核心竞争力之一。1998 年，振华重工势如破竹，在美国市场共拿下全年 6 个港机项目中的 5 个。在美国市场连中 5 标的消息引起了全球轰动，英国杂志《世界货运新闻》（WORLD CARGO NEWS）为此惊呼：振华重工“席卷”美国。2000 年，振华重工又获得美国长滩港 12 台岸桥订单，这是当时世界最大的集装箱起重机订单。

2000 年，“振华 4” 轮运载岸桥经过美国金门大桥。（振华重工 供图）

振华重工曾5次参与新加坡港口投标，但屡投不中。振华重工知道，新加坡是世界著名航运中心，只有进入了新加坡港，世界各地港口码头的大门才会向振华重工敞开。1994 年，新加坡 PSA 为采购一台岸桥在全球展开招标。这是一台超轻型岸桥，世界知名企业并不会特别重视。但振华重工十分重视这个机会，与客户进行了锲而不舍的沟通，最后中标。振华人像制造工艺品一样制造起重机，彻底打动了新加坡港，在以后的数次招标活动中，即使本土码头不采购，新加坡港也会将所投资的全球港机设备采购订单授予振华重工。2004 年，新加坡港

2020 年，振华重工为阿布扎比哈里发港 ADT 码头建造的第二批 5 台岸桥。（王永壮 摄）

务集团一次性向振华重工采购 30 台最为先进的双 40 英尺箱岸桥，成为当年全球最大的港机采购订单，一时间轰动整个国际航运界。

1997 年，振华重工通过竞争中标阿曼港口的 12 台轮胎吊项目，第一批设备很快以高效率和高质量得到用户的认可。轮胎吊发运到港

2012 年 3 月，振华重工自主研发的世界最大前伸距集装箱岸桥运抵德国北部的威廉港。（沈夏英 焦旭 摄）

后，卸船通道掉进海里，无法卸船。面对突发情况，交机组与码头用户沟通，请求理解；同时竭力寻找钢材，现场制作卸船通道，顺利完成了 12 台轮胎吊的交机。此时，和振华重工一起中标的日本公司承接的 6 台岸桥不仅延期交付，设备到港后还无法运行。阿曼码头方在情急之下，邀请振华重工对这 6 台岸桥进行维修。帮助竞争对手维修产品，这还是振华重工首次遇到的事情。振华重工总部立即调兵遣将，选派工程师远赴阿曼与交机组一起维修这批设备，经过数日的努力，终于让设备正常运行。从此，振华重工在阿曼名声大振。接着，振华重工又接下了来自阿布扎比、阿联酋等中东 14 个国家港口的订单。

2003 年夏，韩国釜山新港进行国际竞争性招标，为其码头一期工程 9 个泊位采购 18 台岸桥和 49 台自动化轨道吊。振华重工在这次国际性招标中获得了 18 台岸桥的订单。釜山新港将这个国际竞争性招标项目授予中国公司，轰动一时，在此之前，韩国港口还没有购买过非本国生产的集装箱起重机设备。

2006 年，14 年前向振华重工订购第一台海外岸桥项目的加拿大温哥华港与振华重工签订了振华重工第 1000 台岸桥的采购合同。这是当时世界上最大、最快的起重机。当年参加仪式的双方原班人马再次聚首。振华重工为了答谢当年温哥华港的第一单，决定将岸桥按与 14 年前相同的价格出售，比当时的市场价约低 200 万美元。

振华重工也始终惦记着中国市场。

香港港作为世界著名的自由港，曾连续 8 年为世界最繁忙货柜港。1993 年之前，香港港码头的设备全部来自日本、韩国和欧洲国家，没有一台中国设备。1993 年，美国海陆公司向振华重工采购了 4 台岸桥，分两批交付，用以更换其在香港港码头的旧设备。由于码头非常繁忙，用户提出在新设备到达码头后，必须在 48 小时内投产。为了完成 48 小时投产的承诺，振华重工在生产基地将能做的工作全部完成，挑选出三十多名精兵强将前往香港港码头。工作人员凭借娴熟的技术和顽强的精神，经过不懈努力，使振华重工起重机在到港后 48 小时内开始正式作业。自此之后，香港港新购港机设备均来自振华重工。

今天，振华重工的集装箱起重机已经遍布中国各大港口。

链接 振华重工的发展历程

上海内河航运直接推动民族资本船舶修造业的发展。1885 年，民营资本家创建通裕铁厂，后来改名公茂机器造船厂。公茂机器厂在 1895—1913 年间业务大为扩展，制造了不少小火轮，自设老公茂航运局，经营上海、无锡等地的客货船运服务。《上海民族机器工业》称公茂机器造船厂的航运和制造相辅相成，因此比别人发展快。1952 年 6 月，长江航运局上海分局租用公茂机器造船厂，后来转产制造港口机械，改名为白莲泾港机厂；1960 年正式改名交通部上海港口机械制造厂，并整合上海海运局鸿翔兴船厂的港机车间，此后开始生产制造港口大型装卸机械。1992 年，由交通部划归中国港湾建设总公司的上海港口机械厂和香港振华公司出资，成立了上海振华港口机械有限公司，后在 2009 年更名为"上海振华重工集团"，简称为"振华重工"。成立之初，上海振华港机公司和上海港机厂可谓是"分家不分灶"。

振华重工的创业英雄是管彤贤。1992 年，59 岁即将退休的管彤贤到上海创业，带着几十个人由零开始创立上海振华重工公司。公司成立之初，管彤贤就憋足一口气，直接进军发达国家市场，这似乎是一种另辟蹊径，但绝不是捷径，而是最难的一条路径。在拿下温哥华港口的合同后，管彤贤选择进军美国市场，随后坚持进军新加坡市场。这每一步都需要艰难的决策和超乎寻常的付出。管彤贤并不是技术出身，但是他把技术创新放在第一位。在相当长的时间里，振华重工每年用 5% 的产值投入科研，拿出 1000 万元奖励有突出贡献的工程技术人员，最高奖额 100 万元。

新千年伊始，管彤贤说：“振华港机已经连续 3 年在全球同行中保持世界第一的纪录，在新世纪，要继续保持这一纪录。我在新世纪的梦想是：全球各大集装箱码头，都要有我们中国人制造的超大型集装箱起重机。我们要努力奋斗，尽早把这一梦想变为现实。” 2009 年退休的时候，他的梦想已经实现。他的团队和他的继任者在后来的十多年中把这个现实变得更加坚固。

（二）技术创新成就独门武器

打动世界的绝不仅仅是热情，技术创新是真正的核心竞争力。

集装箱机械诞生半个世纪以来，日美欧韩制造了大量的拳头产品。不过，无论是把集装箱从码头装到船上，还是把集装箱从船上卸到码头上；无论是面对第一代集装箱船，还是运输 1 万多箱的超级集装箱船，日美欧韩制造的集装箱起重机一次只能吊一只 40 英尺箱。一些国外著名企业曾经试图在一个上架下挂靠两个吊具来一次装卸两个集装箱，但都以失败告终。

振华重工在世界上首创了双 40 起重机，就是一次能装卸 2 个 40 英尺箱的起重机，或者一次装卸处理 1 个 40 英尺和 2 个 20 英尺，或者 4 个 20 英尺箱的组合。

振华重工自主研发的双 40 英尺箱岸桥（振华重工 供图）

振华重工双 40 起重机的关键系统主要由两个方面构成：一是由两个吊具组成的双 40 英尺箱吊具技术系统，二是采用了两套起升机构。其中，两套起升机构的形式又可分为两种：一是两套起升机构既可以合成一体同步运行使用，又可以独立使用；二是两套独立的起升机构

2013 年 5 月 15 日，振华重工 4 台岸桥抵达西澳大利亚州首府珀斯的弗里曼特尔港。
（谭广仁 庄一君 摄）

既可以同时同步控制，又可单独控制，从而实现两个吊具的同步运行或单吊具独立运行。如果采用单吊具作业时，不工作的吊具通过起升机构将它提升到不影响另外一个吊具工作的位置，并与小车架锚固在一起，使小车在运行时不会对操作产生影响。

双 40 起重机可处理集装箱任意组合时的 9 大难点工况，诸如两个集装箱高低不一、两个集装箱中心距不等、各种倾斜，等等。由于其实用性强、易操作、故障率少，而被广泛使用。而且由于一次可同时起吊 2 个 40 英尺集装箱或 4 个 20 英尺集装箱，装卸效率可提高约 60%，是常规桥吊的 1.5 倍。

这一核心技术带来了港口集装箱装卸的革命，也让振华重工拥有了世界其他著名起重机制造商望尘莫及的优势。产品自 2005 年问世以来，双 40 起重机迅速遍及世界大型港口。2006 年，这一技术荣获国家科技进步奖一等奖。

随后，振华重工优化改进了双小车集装箱起重机。起重机把集装箱吊起来进行装卸，这个小系统叫小车。但是，大船到了码头是一个庞然大物，码头上运输集装箱的卡车是个小家伙。如果只有一部小车的话，在集装箱装卸中，起重机需要“大起大落”。而且为了对付大船，小车要就高不就低，在吊着集装箱的时候，绳索晃动较大，对准难度大。因此，人们就设计了一高一低两个小车，高的小车可以在 40 米和大船打交道，低的小车在低于 15 米的空间和卡车打交道，两者之间有一个中转平台。在装卸集装箱的过程中，高处的小车（主小车）负责把集装箱从船上搬到中转平台，或者从中转平台搬到船上；低处的小车（门架小车）负责把主小车吊放在中转平台的集装箱吊运到卡车上，或者从卡车吊运到中转平台。这样一来，主小车负责水面一侧集装箱的来回装卸，门架小车负责陆地一侧集装箱的来回运输。门架小车的位置低，对位精度高，效率也提升了。

为了兼顾自动化和高效率的双重要求，振华重工研发出双 40 双小车集装箱起重机，每次自动抓取两个集装箱，可以一次将 2 个 40 英尺的集装箱或 4 个 20 英尺的集装箱从船上吊至中转平台，或将中转平台上的 2 个 40 英尺集装箱或 4 个 20 英尺集装箱一次性吊至船上。这就减少了地面的等待时间，进一步提升了集装箱的装卸效率。

2008 年 1 月 4 日，上海洋山深水港停靠了全球最大集装箱轮“伊迪丝马士基”号，11 台 ZPMC 双 40 起重机同时进行装卸作业，一举打破两项由自己保持的装卸世界纪录。

（三）码头的自动化革命

集装箱自动化码头，是指集装箱码头装卸系统在没有人或较少人的直接参与下，按照码头操作要求，经自动检测、信息处理、分析判断、操纵控制，实现集装箱装卸船、堆场内翻倒箱以及集疏港作业，把人从繁重的体力劳动、部分脑力劳动以及恶劣的工作环境中解放出来。

为了提高码头作业的效率、降低劳动强度，人们一直在研发自动化集装箱码头，世界范围内的研究已有约 30 年的历史。1993 年投入运营的荷兰鹿特丹港欧洲集装箱码头是第一代的代表，它支持半自动化装卸作业，还需要人工操作起重机在船上装卸集装箱。2002 年投入运营的德国汉堡港集装箱码头是第二代的代表，进一步提升了集装箱在陆地上的自动化装卸。2008 年投入运营的荷兰鹿特丹港码头是

青岛港全自动化码头项目正在进行试运营（梅涵 摄）

QQCTN

第三代的代表，这个码头的大部分设备均来自振华重工，在第二代自动化码头的基础上进一步提高了定位的准确性。不过，这三代自动化码头只能算是半自动化码头。

2015 年，振华重工自主研发的全球首个第四代全自动化码头装卸系统在福建厦门远海码头投入生产。这个码头装卸系统由中央控制室计算机控制，真正意义上实现了堆场无人化作业，不仅降低了码头用工成本，还提高了安全作业水平和产能，引领了码头装卸设备的发展潮流。作为国内首个无人码头，其装卸完全置于轨道上，用电驱动来实现，解决了噪音大、排放超标、环境污染等传统问题。这是全球首个第四代无人全自动化集装箱码头，再一次实现了集装箱装卸革命。2017 年，青岛港引入这新一代的全自动化码头。

具体而言，这一系统实现了主小车的人工远程操控、副小车的全自动化操控。集装箱起重机上不再设置操纵室，操作人员只需在港区的中央控制室即可完成码头装卸。陆地上的集装箱运输采用了全电驱动的自动导引运输车，无须人工驾驶。集装箱从船上卸到自动导引车之后，要堆放到大型堆场，码头在这个环节采用自动轨道式龙门起重机。这样一来，与传统的集装箱码头不同，堆场内没有操作人员，可以采用封闭式管理。港区外来的集卡也不需进入堆场内部提送箱，只需在堆场的陆侧端部即可完成提送箱操作。

当集装箱在船上的时候，一般摆放得比较整齐，但是，当它们在地面就可能会出现八字形摆放、错位摆放、箱子间隙不等的情况。自动化轨道吊要像人脑一样，识别并微调双箱位置，准确抓取。此外，自动导引运输车是四轮驱动且前后轮都可以控制方向，可以灵活地完

全球单体最大的全自动化码头——上海港洋山深水港区四期全自动化码头（郑康 摄）

成前轮转向、后轮转向、侧推斜行、小半径转向等动作，而且没有轨道或光缆的束缚，可以实现无区域限制自由活动。它还能自行到换电站更换电池，全程只需 6 分钟，电池充满电仅需 2 小时，整个充电过程零排放，可节省能耗 40% 以上。

革命已经到来。

洋山港四期全自动化码头上的无人驾驶小车（李学民 摄）

2017 年，交通运输部印发《推进智慧交通发展行动计划（2017—2020 年）》，将推动智慧化港口建设作为重点任务之一，加强港口的智慧化建设也将助力整个智慧交通的发展。过去，一台桥吊需配几十个工人服务；现在，一个工人就能服务几台桥吊，而且只需在后方的中控室工作。过去，操作工人坐在 50 米高空的桥吊控制室，俯身向下操作集装箱，眼部、腰部损伤严重；现在，工人坐在中控室，看

2020 年，振华重工为荷兰鹿特丹港和德国汉堡港用户建造的共 4 台岸桥起重机。（季学卿 摄）

着电脑屏幕，就可以把庞大的集装箱吊起放下，工作变得更轻松。原来，桥吊操作工人大多需要男性壮劳力；现在，无论男女都可以作业。未来，工人还有望实现远程操控，无须到码头，人在市区控制室就可以操作了。

第四章

突破禁区

港口是人类活动由陆到水的转换点。世界的水陆交接之处，有舒缓美丽的沙滩，有河口泥沙淤积的泥潭，有时隐时现的石丘巨石，还有壁立千仞的断崖。因此，并不是所有的海岸线都能够建设港口，港口也不能完全占用城市难得的沙滩湿地。这就意味着港口的选址需要综合考量地理位置、经济、社会、生态、自然条件等多个因素。比如，港口要考虑单点和腹地，考虑城市和区域，考虑当前和长远，考虑水运和公路、铁路、管道等运输方式之间的衔接转换，还要考虑水文气象条件、地质地貌条件等，将港口建筑物对环境的影响减至最小。这样一来，我们可以把港口分为不同的类型：一种是天然良港，一种是泥沙区域港口，一种是离岸深水港。当然这个分类并非一个精确的专业分类，其目的是把港口建设和中国海岸线的大概特质结合起来。

一、天然良港

天然良港并不是一个学术概念，大家对这个词的理解也不尽相同。从字面理解，这是利用大自然恩赐的良好条件建设的港口。一般来说，由陆到水的海岸是一个斜坡，这个斜坡可能舒缓，也可能陡峭，甚至还会有断崖。现代港口进出的船舶越来越大，因此，必须有深水泊位、深水航道。天然良港就是希望由陆到水的海岸有陡坡甚至断崖，这样一来，能够形成一定的阶梯，陆地前沿的水较深，不需要大挖大填就能形成码头。同时，从码头出发到深海的距离较近，或者海底平缓，这样就不需要花太大的功夫去挖出航道。另外，天然良港还意味着有山或海岛遮掩保护港池和后方，为港口提供一个风平浪静的环境，不会出现大规模的泥沙淤积，也不会在天气寒冷的时候出现冻结。

在港口建设中，散货和油气可以在港外海上卸载驳运，通过栈桥等方式联通陆地。而大吨位的集装箱船只能进港系靠码头后进行装卸作业，需要固定的码头作为堆场，更需要固定在码头上的装卸桥装卸集装箱，在港外海上装卸驳运集装箱是不可能也是不允许的。因为这样将给船舶带来翻沉或集装箱掉进大海的风险。尤其是第六代集装箱船及万箱位船，其吃水至少 14 米，如要进港系泊，当然要求航道水深和码头前沿水深均超过 15 米。一个港口，如果没有深水航道和深水泊位，就不能接纳大型集装箱船，只能成为支线港、喂给港，只能为大型深水港提供配套服务。

世界范围内，很多地方的港口被称为天然良港，如美国旧金山港、巴西里约热内卢港、新加坡港、荷兰鹿特丹港、日本横滨港、韩国釜山港等。

中国有很多适合建设港口的地方。大连、青岛、日照、连云港、宁波、厦门、香港等地都有较好的自然条件建设港口。

大连旅顺港就是著名的天然良港，四周群山环抱，港口东有黄金山，西有老虎尾半岛，其间有狭长水道与外海相通。港内隐蔽性与防风性良好。

青岛的海岸，分布着众多的港口，而胶州湾自古就是一个重要的对外贸易港口。秦朝的琅琊港，是徐福东渡入海的出发点。唐、宋、明、清历代都有发展。新中国成立后，青岛港不断发展，今天的青岛港港深水阔，不淤不冻，自然条件优越。

新中国成立后建立的第一个万吨级大港——湛江港也是一个天然良港，位于雷州半岛东北部的广州湾内，港湾周围岛屿环绕，形成天然屏障，港内水深浪静，水域广阔，是中国大陆通往东南亚、非洲、欧洲等地区航程最短的港口。

香港维多利亚港水域广阔，平均水深达 12 米，海底没有淤泥，整体上又被九龙半岛和香港岛的群山所包围，形成港口环山，不受风浪侵袭，港口终年不结冰，船只可自由进出，因而成为优良转口港。

天然良港并不会很容易就被人们发掘，曹妃甸港就是一个典型。曹妃甸地处唐山市南部沿海，原是一座东北、西南走向的带状沙岛，为古滦河入海冲积而成，至今已有 5500 多年的历史，因岛上原有曹妃庙而得名。2000 年前后，经过多年的勘测分析，曹妃甸“面向大海有深槽、背靠陆地有浅滩”的特点才被广泛认可。此后，曹妃甸港开始大规模建设，如今成为唐山港的重要组成部分。

二、两路突破禁区

尽管中国天然良港颇多，但是这种自然恩赐并非均匀分布，具体到不同的区域和城市，未必都有天然良港。但是人们生活和城市发展又迫切需要现代化的大型港口。因此，建设者在条件并不优越的地方努力建设港口。

江河入海，从上游带来的泥沙积淀成冲积平原，为人们的生活发展提供了良好的条件，许多大型城市往往在河口地带形成。进入现代社会，通江达海成为大城市的核心竞争力，港口便成为河口城市发展的标配。中国的天津、上海、广州都是如此。但是，江河携带入海的大量细颗粒泥沙形成了淤泥质海岸，往往成为建设现代港口的制约因素。中国淤泥质海岸主要分布在渤海湾、珠江口等地，长江口也形成了大量的淤泥质海岸。几十年来，中国港口建设对这个矛盾不断突破，建成了一个个“人工大港”。

建设者以淤泥质海岸的天津港、连云港为研究重点，进行了大量卓有成效的研究。20 世纪 80 年代，在掌握天津港淤积基本规律、回淤规律的基础上，建设了天津港东突堤、南疆等新港区。21 世纪以来，天津港建成为世界上最大的人工港，也成为天津市的战略性核心资源。

同样，上海在长江口、广州和深圳在珠江口也建成了世界性大港。

由于江河和大海的复杂作用，中国河北、山东、江苏、浙江等地形成了一种特殊的海岸——粉沙质海岸。这是介于淤泥质海岸和沙质海岸之间的一种特殊海岸，泥沙的活动性很大，在风浪作用下，极易起动，也很容易沉降。20 世纪 90 年代，建设者努力寻求在此类海岸建设港口。虽然有着显著的成效，但整体来看，这种粉砂质海岸制约了这些港口进一步发展成为世界性大港。从世界范围来看，粉砂质海岸被视为“建港禁区”，也就是说，既有的理论和技术不支持在这里建设超大型港口。

中国建设者能否突破“禁区”，在粉砂质海岸建设港口？

进入 21 世纪，国际海洋运输船舶向大型化、专业化发展，集装箱船为 20 万吨级，矿石船更达到 40 万吨级，水深相应达到 30 至 40 米。港口基础设施也需要进一步提升水平，以满足经济发展和社会发展的需求。但经过几十年的快速发展，中国自然条件优良且适合建港的岸线绝大部分已被开发利用，大型专业化深水码头面临无处可建的困境。

中国建设者能否为港口建设找到新的出路？

可喜的是，进入 21 世纪，中国建设者系统集成，全面解答了这两个世界性难题，为中国港口建设找到了两个方向，建成了两种类型的港口，那就是粉砂质海岸港和离岸深水港。

要解决无处建港的矛盾，有两个方向，一是对现有的港口进一步优化，另一个方向是走向深海，依托天然岛礁或人工岛建设离岸深水码头。也就是说，要么我们把码头港口建在岸边，通过深水长航道引到外海去；要么我们就直接把码头建到外海去，通过桥或堤连接大陆。

过去港口建设有一句行话叫“浅水浅用、深水深用”，这是码头岸线的使用原则。浅水用来建小泊位、靠小船，深水用来建深水港、靠大船。经过多年实践，中国对此早已形成一套完整的筑港技术，无论勘察设计研究和施工水平，均处于国际领先地位。但到 2005 年前后，可用的深水岸线不多了，于是，一方面就要考虑浅水深用，另一方面则要考虑到相对更深的深水区也就是往海里去。

“浅水深用”就是通过开挖深水航道来实现近岸港口的“浅水深用”，而这个深水航道能不能维护得住是个关键性技术难题。“深水深用”就是往外走，在外海建港。外海自然条件恶劣，灾害频繁，生态环保要求高，可施工期短，传统的港口规划、设计、施工技术面临挑战。

因此，“离岸深水港建设关键技术研究”的目的在于，通过开敞海域建港、岛群或人工岛建港、长导堤深水码头、长航道浅水深用码头等离岸深水港建设，破解资源环境的制约。

三、从最熟悉的地方逼近“禁区”

创新的基础是认识自然。日常生活中最熟悉的事情认识起来往往是最不容易的，比如水、土、泥沙、空气。工程建设者在成功及失败的实践中逼近它们的本质。

浅水深用也好，离岸深水也好，都需要先在理论上有新的突破，因为建设者过去积累的理论、概念、公式不再直接适用了。

离岸深水港概念的提出，需要重新认识和理解新环境下水动力、地基的特性及其与工程结构物之间相互作用的规律。离岸建港，就必须正确、深入地理解、掌握深海自然环境的规律，尤其是对水上建设两个关键因素——“水”“土”及其在深海环境下的相互关系，获取全新的认知。

把自然环境条件搞清楚，把规律找出来；再找到符合这个规律的最经济的结构形式；然后创新施工手段，研发新材料，建成我们需要的新港口。

2012 年，天津港货物吞吐量完成 4.76 亿吨，位居全球港口货物吞吐量的第 4 名。这是一个典型的“浅水深用”的例子。天津港处在海河淤泥质河口，基本水深在两到三米，并不具备建设世界级大港的天然条件。2005 年，天津港 20 万吨级航道暨 25 万吨级航道开工，工程竣工后，天津港一跃成为世界最高等级的人工港，25 万吨级船舶自由进出港，30 万吨级船舶乘潮进港。这也在世界上开创了在淤泥质海滩建设深水港的先例。从 20 世纪 50 年代天津港回淤研究开始到现在，这是中国 40 年的河口、海岸工程泥沙研究成果的结晶。

成功的经验有时候不能生搬硬套。

同处渤海湾、距离天津港 100 公里的黄骅港，也希望建成世界级大港。刚开始，大家以为这两个地方条件差不多，黄骅港可以参考天津港的建港经验，基于淤泥质海岸情况来建设。在一期工程建设中，耙吸挖泥船用好几个月的时间刚刚挖好了一条航道，北煤南运的大船已经开始使用这条航道了。2003 年 10 月，一场 50 年一遇的大风寒潮，一夜之间把刚刚挖好的航道全部淤平了，南方企业等着用煤，而运煤的大船被憋在港里出不来。交通部调集了国内外很多大型挖泥船，费了九牛二虎之力，挖了一个临时的槽子，才让憋在码头的煤船出去。

起初专家们论证说，航道选的方位有问题、走向有问题。换个角度重新开挖了一条新的航道，还是不行。

问题出在对淤泥和粉沙的认识不透彻上。

同属于渤海湾海岸，天津港属于淤泥质海岸，泥沙颗粒的中值粒径小于 0.03 毫米，颗粒之间有黏结力，在海水中呈絮凝状态。而黄骅港属于粉沙质海岸，泥沙颗粒的中值粒径在 0.03 毫米—0.1 毫米。淤泥较少出现骤淤，而粉沙有着截然不同的新特点。这就需要重新认识。

这就是粉沙“随波逐流”的特点：在无风天气下或有小波浪时，这种海岸的泥沙运动微弱，水体清澈，在较长时间的“风平浪静”之后，海床上的粉沙质泥沙因板结而形成所谓的“铁板砂”，这时的粉沙难于起动，也难以疏浚。但是在特殊大风浪天气下，情况完全不同。大风浪会掀起强烈的泥沙运动，泥沙起动后，水体下部形成厚度约 10 厘米—100 厘米左右的高含沙量水层，随潮流输送，落淤于航道内，很难被带出，造成航道骤淤现象。中国工程院院士、中交一航院高级顾问谢世楞院士和他的团队在揭示了粉沙质海岸骤淤机理的基础上，在世界上首创了粉沙质泥沙运动的“三层模式理论”，开发了相应的淤积预报模型，最终研究确定了黄骅港建成挡沙堤的措施。

挡沙堤采用出水堤和水下堤相结合的形式，近岸建出水堤，远岸建水下堤。水下堤岸在水上是看不见的，因为研究发现，水体下部高含沙量层总是在一定高度范围内运动，建一部分水下挡沙堤就可以了，我们称之为“潜堤”，这样就可以节约资金投入，而且也可以减弱局部航道横向流速，有利于船舶的安全航行。

当然，要获得粉沙质海岸的全面认知，绝非一蹴而就，交通运输部天科所、中交一航院、中交水规院、南京水利科学研究院等，进行了长达十余年的探索积累，才初步掌握粉沙质海岸泥沙的特性、运动机理、骤淤机理及港口设计的原则、减淤方法和措施。

四、让软土成为大型码头的基础

找到波浪、地基与港口结构物之间的最优关系，这是实现后续港口建设安全性与经济性的关键。中国的基础建设水平要实现质变，首先需要在基础理论方面取得突破。中国水上交通建设者若要实现把港口建到任何水域的梦想，就必须对未知的深海进行一次全新的认知。

这个极其复杂的问题，却可以通过我们生活中的小事来类比。人站在海滩沙子上，如果不动的话，沙滩很硬；如果动动脚，就能够钻下去；如果一个波浪过来，细沙就会流走，脚就慢慢陷进沙里。这个互动叫作“沙土液化”。如果把人换成建筑物，那就是一件极其危险的事情。

黏土也有这种特点，叫作“黏土软化”。深水建港，面临的一个普遍难题是：软黏土地基土在波浪动力作用下强度可能降低，从而危及海工结构物的稳定。

在长江口深水航道的一个试验工程中，巨大的混凝土半圆体在安放就位后，大家都觉得应该很坚固，但大浪来袭，大块头一夜之间被拍入海底。

以前防波堤等结构体出现地基沉降现象，是因为上面太重，还是波浪的动荷载太大？没人能回答这个问题。对这个国家级重点课题的研究，就是要找到一个平衡点——多大的波浪下，土不会滑走，地基又能承受得住。

“波浪—防波堤—地基相互作用问题研究”成为项目中的一个重点。

此前，国外研究没有突破，德国、日本提出了一些简单的估算公式，但缺乏可靠的验证；国内研究虽有突破，但各种分析方法的基本假设、分析思路、计算结果等均有很大差异。

中国工程院院士谢世楞的研究揭示了这个规律。他做了最简单的描述：软地基上有了结构物，被波浪晃来晃去之后，就会变软；那么我们就得知道它软到什么程度，什么样的结构能够稳定地放在上面。在首次对软黏土动力软化问题开展系统研究之后，谢世楞和他的团队揭示了软黏土在波浪动荷载作用下的软化机理，并提出了判别软黏土动力软化的标准，这是世界海上软黏土地基结构设计理论的跨越。而且，课题研究将海洋“搬进”了实验室，首次成功地在土工离心机上模拟了动态波浪对结构的作用，揭示了波浪荷载作用下箱筒型基础防波堤的位移特性、破坏模式及影响因素。

简单地说，如果近岸软黏土的承载力是 1 的话，那受波浪影响的深海软黏土的承载力就要打折扣。在长江口应该是 0.36，在天津港是 0.42。这对工程建设有着重大意义，工程设计可以依据这个相对精确的数值来展开，可以充分利用这宝贵的折扣减少水下软土地基加固的成本，而不是采用一些简单估算。如果估算高了，可能导致不安全；

如果估算低了，则软基加固成本就会大，造成工程的浪费。

在此基础上，课题研发了适用于深水港口建设的受力合理、便于施工、经济性好的新型重力式复合结构。子课题负责人、全国水运工程勘察设计大师、中交水运规划设计院院长张志明说，有很多办法完成工程，但我们要找到最经济的方法，这是工程师的使命。

简单地说，码头常用的形式一种就是用砖块砌堵墙，当然砖块巨大，一块好几千吨重，有实心有空心，一块一块地码起来，变成一个码头，这种形式叫重力式；还有一种像板凳一样，上面是平面，下面带腿，叫桩基式。但在深水中这两种形式都有问题，如果是重力式，就要做得很大，它对地基承载力要求很高，且经济成本太高；如果用桩基式，桩腿要很长，稳定、耐久性都不足。怎么办呢？设计一个复合型结构，把板凳安在砖块上，就解决了这个问题。这种结构节省材料，可以在陆基大量预制，再到外海去拼装，应用前景非常广泛。

五、变天方夜谭为现实

走向深海，上海洋山港是一个典型。前文已经多次描述了洋山港工程的建设过程，这里就一个关键问题再做展开。

在大、小洋山等数十个岛礁群海域，人们认为这里具备建设深水良港的条件。设想变成现实需要重大决策，因为这事关国家发展全局，事关上海国际经济、金融、贸易、航运中心建设。决策变成行动需要工程建设者的全面突破，因为这是史无前例的。

洋山港水域潮流较强、水体含沙量较大，能不能建港，需要仔细研究论证。有工程师回忆 20 世纪 90 年代第一次前往洋山港水域的情况，船一经过，就掀起水中的泥沙。他当时想，这里怎么能建港呢，这不是天方夜谭吗？

当时，洋山港能不能立项就取决于能不能整治泥沙。这里过去是岛链，建设码头必须要把岛链连起来。但是一旦连起来，水流就会发生变化，海床也会跟着发生巨大变化，可能是颠覆性的变化，港区可能会被完全淤死。在当时对水文、外海岛群条件认识不够深刻的情况下，这些问题的重要性就凸显出来。如果淤积，那就不行；如果不淤积，就要上马。

基于充分的模型试验，专家的结论是这里可以建设港口。最终国家决定上马该项目。

在洋山港的建设中，部分岛屿连起来形成陆域，个别岛屿之间留下泥沙通道。这在当时也是经过反复考虑的，如果全部堵上可能就有问题了，于是把部分留下了。实践证明洋山港运行这么多年，基本没有问题，比预测的还要好一点。能实现这一点，是因为专家们认识了岛群建港泥沙运动规律，并很好地利用了这些规律。这是一个开创性的认识。

这只是洋山港建设的一个关键点，“离岸深水港建设关键技术研究”项目全面分析了洋山港的海床性质、水流动力条件和泥沙环境，系统地研究了岛群波浪的特点及模拟方法，提出了适合岛群特点的波浪要素计算方法，为确定洋山港总体布局方案提供了关键的决策依据，并很好地解决了工程泥沙等关键技术问题。

六、破解岩土工程领域百年难题

中国港口建设破解了岩土工程领域的百年难题。

就工程建设而言，地基承载力是一个关键问题。无论是土、泥、沙，都需要有相对准确的计算。对于复杂的地质结构，世界土力学界只有靠引进假定条件才能计算建筑物地基的极限承载力，但这样获得的地基承载力并不精确。

当然，没有精确计算并不意味着不能开展工程建设。此前国内外使用的地基承载力计算方法普遍需要一些假定，只能根据经验取一个均值代入计算。这就出现一个问题，对上下层土质差异较大的地基承载力计算结果偏差较大，带来工程的安全性问题。这是港口建设需要面对的问题。数十年来，全球土力学界的很多大师都在为寻找精确的地基极限承载力而苦苦探索，但由于缺乏理论上的突破，精确的计算方法一直没有出现。

这一希望在一位工程师几十年的努力后变成了现实。中交天津港湾工程研究院教授级高级工程师黄传志，皮肤黝黑，一口浓重的天津方言，外表看似普通的他却破解了岩土力学领域的百年理论难题。他提出的全新地基极限分析理论与方法——广义极限平衡法，堪称用中国的定理弥补了一项世界缺陷，岩土力学的科学发展作出了重大贡献。

黄传志通过数十年的工程实践和悉心研究，提出了广义极限平衡法，使工程设计计算更科学、更完善，其结果也更可靠，适用范围更广。简单来说，建筑物建在软土上，软土可能承受得住，也可能承受不住。这一理论找到了这两种状态的极限平衡点——当地基土处于这两种状态的临界点时，可以承受荷载的计算方法。这样一来，就能够指导具体的工程实践，在这个地方能够放什么样的建筑物、地基要不要加固、加固到什么程度。

根据这一理论，可以让世界各国的设计师、建筑师们在面对任何复杂的地质条件时，都能快速而精确地计算出地基极限承载力，为一座座码头、桥梁、大厦的设计安全奠定了坚实的理论基础。

这是理论和实践的双丰收。

“离岸深水港建设关键技术研究”项目前后历时10年，研究内容广泛、技术难度大、创新性强，形成了中国离岸深水港建设的成套技术，推动中国港口建设由近岸走向深水离岸。在这个过程中，市场为导向，企业为主体，产、学、研、用协同创新，经洋山港、大连港、天津港、青岛港、宁波舟山港、广州港等10多个大型工程的实践总结，实现了大面积的应用技术创新，支撑了中国建成一批重大工程，使中国的亿吨级大港数达到26个。

第五章

城市与港口

港口城市是港口功能和城市功能的结合体，它除了反映城市内在的一般特征之外，还有其特定的内涵和发展规律。一方面，港兴城兴，港口功能常常成为港口城市发展的主导性因素，对外贸易成为港口城市的重要功能，同时带动和促进城市其他产业发展，并形成整座城市的综合性功能结构；另一方面，城市功能亦为港口发展提供强大的支撑作用。港口城市为港口发展提供可容空间，港口城市的规模越大，港口发展的可容空间越大，影响力越强，其覆盖范围就越广。“建港兴城，城以港兴，港为城用，港以城兴，港城相长，衰荣共济”，正是港城关系的总结。

有研究指出，城市和港口的演变关系大致可以分为四个阶段：一是港城初始联系阶段，港口的区位优势起着决定性作用，城市对港口有很强的依赖性；二是港城相互关联阶段，港口城市与港口互动实现共同发展；三是港城集聚扩散效应阶段，城市经济将形成港口经济以外新的经济增长点；四是城市自增长效应发展阶段，港口经济成为城市经济的一个组成部分。随后，两者可能会继续联动，也可能分离，港口衰落。

中国港口的重点发展方向，将会是推进港口集群化发展、港口智能化发展、港口产业化发展及积极探索通过体制创新来适应集群化、智能化、产业化的发展方向。

一、天津和天津港

天津简称津，意为“天子经过的渡口”，别名“津沽”“津门”等。天津始于隋朝大运河的开通，在南运河和北运河的交汇处，现在的金钢桥三岔河口处，史称“三会海口”，是天津最早的发祥地。1949年新中国成立后，天津作为直辖市，经济建设和社会事业全面发展，进一步巩固了中国重要综合性工业基地和商贸中心地位。1978年改革开放以来，天津沿海港口城市优势不断增强，对外交流日益广泛，各项事业蓬勃发展。当前，天津面临千载难逢的发展机遇，京津冀协同发展、自由贸易试验区建设、国家自主创新示范区建设、滨海新区开发开放、“一带一路”建设五大利好叠加，为天津发展创造了良好条件。

天津港坐落于天津市滨海新区，地处渤海湾西端。随着环渤海经济的振兴、中部崛起和西部大开发的推进，天津港腹地经济发展潜力巨大，为天津港提供了良好的条件。天津港是京津冀的海上门户，是中蒙俄经济走廊的东部起点、新亚欧大陆桥的重要节点、21世纪海上丝绸之路的战略支点。

天津港历史源远流长，因隋朝大运河开通形成内河港口，1860年对外开埠，成为通商口岸。新中国成立前，天津港各种设施损坏严重，几乎瘫痪。

新中国成立之初，国家百废待兴、百业待举。1951 年，中央政务院决定修建塘沽新港，成立了以交通部长为主任委员的“塘沽建港委员会”。当家作主的港口工人仅用一年多时间，就圆满完成了第一期建港工程，使几乎淤死的港口重新焕发生机，并于 1952 年 10 月 17 日正式开港。随着万吨级巨轮“长春”号驶入天津新港，嘹亮的汽笛声宣告了天津港的新生。仅一周后，毛泽东主席就来到天津新港视察，并留下了“我们还要在全国建设更大、更多、更好的港口”的历史宣言。开港初期，没有大型机械和先进工具，天津港人硬是靠人拉肩扛换来了当年 74 万吨吞吐量的骄人成绩。

1959 年，中国开始天津港第二次港口扩建工程。至 1966 年，全港新建万吨级以上泊位 5 个，吞吐量一举突破 500 万吨，结束了天津港不能全天候接卸万吨级巨轮的历史。

70 年代初，为了解决全国性压船压港严重的局面，周恩来总理发出“三年改变港口面貌”的号召，天津港第三期大规模扩建工程拉开帷幕。1974 年，天津港货物吞吐量首次突破 1000 万吨，成为中国北方大港。

中共十一届三中全会以后，天津港乘改革开放的春风，迎来了发展新阶段。1984 年 6 月 1 日，经党中央、国务院批准，天津港在全国港口中率先实行“双重领导、地方为主”的管理体制和“以港养港、以收抵支”的财政政策，揭开了新中国港口史上新的一页。天津港积极利用外资，引进新设备新技术，提高港口效率，提升港口现代化水平，成为中国港口对外开放的先行者。

天津港（许让利 摄）

20 世纪 90 年代，天津港直面市场竞争，不断拓展经营空间，先后开创出沿海港口中的多个“第一”：兴建了中国第一家商业保税仓库，开创了中国港口保税贸易业务发展的新模式；合资成立了国内首家中外合营码头公司，开创了国有码头与外商合资合作经营的先河，实现了港口的经营管理与国际接轨；率先进行港口企业股份制改造，“津港储运”成为全国港口第一家上市公司。

为了适应国际船舶专业化大型化的发展趋势，天津港加快深水航道和码头的建设，陆续建成了专业化的石油化工、煤炭、焦炭、金属矿石和大型集装箱码头，启动了南疆散货物流中心开发建设。自 1993 年起，天津港货物吞吐量连续每年以千万吨级递增，2001 年成为中国北方第一个亿吨级大港，跻身世界港口 20 强之列。

进入 21 世纪后，面对经济全球化的发展趋势，天津港主动把自身发展与提高区域经济竞争力的要求紧密结合，提出并实现了“世界一流大港”的战略构想，启动了全国规模最大的 30 平方公里东疆人工港岛建设，加快转变经济发展方式，积极推进港口转型升级，逐步完成了由“国内领先”向“世界一流”的跨越，在世界港口的地位和影响力大幅提升，对城市和区域经济发展的辐射力、带动力不断增强。

2019 年 1 月 17 日，习近平总书记考察天津港，他强调，国家要发展，经济是第一要务。经济要发展，交通要先行。这为天津港今后的工作指明了方向，对于天津港发展具有重大里程碑意义。

如今，天津港是世界航道等级最高的人工深水港，30 万吨级船舶可自由进出港口。天津港拥有集装箱、矿石、煤炭、焦炭、原油及制品、钢材、大型设备、滚装汽车、液化天然气、散粮、国际邮轮等各类泊位总数 176 个，其中万吨级以上泊位 122 个。2019 年，天津港货物吞吐量突破 4.9 亿吨，中国排名第 6 位；集装箱吞吐量 1730 万标准箱，世界排名第 9 位。

二、上海和上海港

上海地处中国东部长江入海口，北界长江，东濒东海，南临杭州湾，西接江苏和浙江两省。港为城用，城以港兴，上海是典型的河口海岸城市。上海港发端于隋唐，成长于宋元明，至清代兴起，清康熙年间跻身全国大港之列。1843 年上海港开埠后，成为中国东部最大的贸易枢纽港。

新中国成立以来，上海港作为重要的物资运输通道，对上海工业生产和人民生活起到了重要的保障作用。上海市所需的各类主要物资大多通过上海港进出，如 1984 年上海全市所需的 91% 的煤炭、82% 的石油、55% 的钢材、28% 的矿建材料、69% 的木材和 75% 的粮食都是经由港口进入上海的，可见上海港在上海经济社会发展中占据举足轻重的地位。

对外贸易在上海港口发展中占据重要的地位，也推动了港口生产布局从黄浦江向长江口转移。20 世纪 80 年代，为适应中国经济发展和对外开放的需要，上海港掀起了以建设集装箱码头和老港区改造、外移为重点的港口建设高潮，先后在黄浦江关港地区和长江口南岸的宝山地区、外高桥地区新建了关港、宝山、罗泾、外高桥一期、外高桥二期等新港区，使上海的港区范围不断扩大。至 1992 年底，上海港共有码头泊位近 1000 个。

1995 年 12 月，中共中央、国务院作出了建设上海国际航运中心的战略决策，这是中国水运行业开放的重要标志，也是参与区域和国际竞争的重要举措。

1996 年 1 月 16 日，国务院总理李鹏在上海主持召开两省一市和国务院有关部门主要负责人参加的会议，就建设上海国际航运中心进行研究，并正式宣布建设上海国际航运中心。上海国际航运中心是开发、开放浦东，使上海成为国际经济、金融、贸易中心之一的重要条件，对中国对外开放长江经济带的发展意义重大。建设上海国际航运中心目标的提出和实施，也是对上海港口发展从宏观到微观、从思路到实践的全面创新。

一直以来，上海的港口布局基本依托现有地理条件和港口资源、以黄浦江为主的发展思路，港口主要分布于黄浦江两岸和长江口。但随着国际集装箱船大型化趋势，长江口航道水深仅为 7 米，乘潮方能进出吃水 9 米的船，而远洋干线主要船型第五、第六代集装箱船无法满载进出。

为此，上海开始对长江口航道开展疏浚和整治，在 1998 年至 2000 年完成长江口深水航道治理一期工程的基础上，从 2002 年至 2005 年实施长江口深水航道治理二期工程，使航道水深达到 10 米，基本满足当时国际主力运输船舶的通航条件。此外，上海加快集装箱专用码头建设，扩大集装箱码头通过能力，以满足日益增长的集装箱运输需求。从 1997 年起，上海先后完成改建外高桥一期，新建外高桥二期、三期、四期、五期工程。

但长江口航道的疏浚和整治无法根本解决航道水深不足的问题，为了从根本上解决制约上海国际航运中心发展的瓶颈，1992年，上海市开始将深水港建设列为新一轮城市基础设施建设十大工程之首，并组织专家对在长江口周边建设深水港方案进行论证，但均因航道水深不够、岸线不足等原因而作罢。1995年，上海提出跳出长江口，在距离上海最近的浙江洋山岛建设深水港区的战略构想。洋山港具备建设15米水深港区和航道的优越条件，可解决上海市行政辖区内没有深水岸线的自然条件限制。从1996年起，上海在交通部等国家主管部委的指导下，历经四年，分200多个专题，开展上海国际航运中心洋山港区建设方案、港址论证和建设前期工作的研究。2001年3月，国家正式批复洋山深水港区一期工程立项。2002年6月，上海国际航运中心洋山港区一期工程开工建设，至2006年8月竣工验收。洋山港二期工程从2005年6月正式开工，至2006年底建成开港、投入运营。继洋山深水港一、二期工程投入使用后，三期工程于2008年投入运行。上海港洋山港区四期全自动化集装箱码头于2017年12月10日开港运营，它是目前全球规模最大、自动化程度最高的集装箱码头，且拥有自主知识产权。

洋山港的建设，开创了远离大陆依托海岛建港和陆岛联动营运、港城同步发展的新模式，也标志着上海国际航运中心的主体上海港基本完成由河口港向海港的转变。洋山港建设期间，上万名建设者从全国各地汇聚东海，用辛勤、汗水与智慧，开山炸石、填海成陆；又在波涛汹涌的大海上，打桩筑基、架梁成桥，以神奇的速度，打造了一座神奇的现代化深水港，创造了一个现代版的“精卫填海”神话。洋山深水港是全球唯一建造在外海岛屿上的离岸式集装箱码头，也是中国港口建设史上规模最大、建设周期最长的工程，它骄傲地托起了上海国际航运中心的梦想。

通过创新港口布局，上海的港口吞吐能力大幅提升。在洋山港区运量增长的拉动下，2005 年上海港货物吞吐量达到 4.43 亿吨，跃居全球第一大货运港。2018 年上海港货物吞吐量达 73047.94 万吨，位居世界前列；港口国际标准集装箱吞吐量达 4201.02 万国际标准箱，连续九年位居世界第一。

长期以来，人们对航运业的认识主要是对货物进行装卸，航运业发展的重心也集中于增加港口的货物吞吐能力上。但随着国际航运服务业的发展，上海将建设国际航运中心与推进加快发展现代服务业和先进制造业，加快建设国际金融中心和现代化国际大都市紧密结合起来，逐步实现港口功能层次由低端向高端发展，更加注重软实力建设，完善现代航运服务体系，提高航运服务业的国际竞争力。

1996 年 11 月，由交通部和上海市共同组建的上海航运交易所正式运转。交易所充分发挥“规范航运市场交易行为、调节航运市场价格、沟通航运市场信息”三项基本功能，在加快培育和建设统一开放、竞争有序的航运市场方面取得一定成效，已基本确立中国航运政策研究中心和国际航运信息发布中心的地位。

三、广州和广州港

广州是广东省省会，国际大都市、国际商贸中心、国际综合交通枢纽、国家综合性门户城市、国家历史文化名城，是华南地区的政治、军事、经济、文化和科教中心。

广州港位于珠江三角洲河网地区，是中国华南地区的综合性主枢纽港。广州从秦汉至明清2000多年间，一直是中国对外贸易的重要港口城市。汉武帝时期，中国船队从广州出发，远航至东南亚和南亚诸国通商贸易。东汉时期，航线更远达波斯湾。唐代，广州已发展成为世界著名的东方大港，也是当时世界最长的海路航线“广州通海夷道”的起点。宋代，在广州首设全国第一个管理外贸的机构市舶司。明清时期，广州更是特殊开放的口岸，曾经一度是全国唯一的对外贸易港口城市，1842年成为五口通商之一。辛亥革命后，孙中山先生在其《建国方略》中提出在老广州港的下游黄埔建设南方大港的主张，并发展贯通中南、西南的水陆交通，使之成为中国南方最大的出海口和世界良港，但由于各种原因，这一设想未能实现。

1938年至1949年，广州港口虽有修建工作，但断断续续，产能极低。在此期间，仅在黄埔建成了2个400米长的深水码头泊位和3

座木码头及相应的道路、堆场。“黄埔新埠”就此形成，也就是黄埔港的前身。此后由于泥淤久积，也只可靠泊 4000 吨—5000 吨级海轮。1949 年以前，广州港仍是一个规划不全、设施陈旧、设备落后、主要靠人拉肩扛装卸的落后港口。

中华人民共和国成立后，广州港开始迎来崭新的发展历程。1953 年，广州港顺势积极推进港口建设服务“一五”计划。在港口建设方面，内港区建设主要是通过归类改造为主，把以前杂乱无章的沿海（江）两岸的破旧码头，集中建成河南、芳村、如意坊等几个较规范的货运码头，并新建黄沙货运码头，结束了市区长堤一带“三步一堆场，五步一码头”客货混杂、交通拥挤的局面。而黄埔外港区，在 400 米码头的基础上，先后续建了中码头和黄埔大码头等几个万吨级泊位。

与此同时，广州港对出海航道进行了大规模的疏浚，把原来只有 5 米的航道浚深至 7 米，使万吨级货轮能直达黄埔港区，港口通航能力得到提升。此外，广州港积极推进港口装卸机械化进程。20 世纪 60 年代，广州港通过“土洋结合”的办法，在改造港口装卸设备和码头设施的同时，不断增加大型龙门吊、机动搬运车等，打破了装卸设备简陋、装卸作业多靠人力和手推车的落后局面，港口装卸作业逐步达到半机械化的水平。1975 年 12 月，黄埔新港港区建成投产，港口服务能力进一步提升。

作为改革开放的前沿阵地之一，广州港在 1978 年后经历了巨大的跨越和高速发展期。广州港扩建了新的港区，先后建成黄埔新港港区 7、8 泊位，西基 3 个 3.5 万吨级煤炭专业化泊位、新沙一期工程 10 个 5 万吨级泊位、洪圣沙水 2 个水转水泊位、汾水头码头、海心沙码头、员村码头、淡水河危险品码头。20 世纪 80 年代末，新沙港区一期 10 个 3.5 万吨级泊位工程开始建设，2000 年，该港区 10 个泊位全面竣工并投入使用，不仅为广州港增加 1000 多万吨的通过能力，同时使广州港的装卸专业化、现代化的程度又向前迈进一大步。其中新沙港区一期工程 6—10 泊位荣获 2003 年“詹天佑土木工程奖”，成为华南地区首个获得该奖项的港口工程。

21 世纪初，尤其在中国加入世界贸易组织后，广州港紧跟进一步扩大对外开放的步伐，准确把握航运业船舶大型化的趋势，作为广州市“南拓”战略的龙头项目，南沙港区的建设开启了广州港海港建设的崭新发展阶段。2001 年底，南沙一期工程动工。2004 年 9 月，南沙一期 4 个深水泊位建成投产。随后，石化码头，南沙二期、三期，汽车码头，粮食码头陆续投产。15 年来，南沙港区新增港口通过能力超过 2.5 亿吨，相当于在南沙港区再造了一个“广州港”。2018 年，广州港集团相继开工建设南沙四期自动化码头、南沙国际物流中心等重点项目，粤港澳大湾区首个全自动化码头、更加“智慧”的现代化综合物流枢纽和航运物流中心即将诞生。

向海图强，广州港紧紧抓住中国和世界经济高速发展期带来的机遇，实现了加速发展。截至 2018 年 12 月底，广州港共拥有生产性泊位 170 个，其中集装箱专用泊位 25 个，煤炭专用泊位 5 个，粮食专用泊位 4 个，汽车滚装泊位 4 个，油品及液体化工专用泊位 6 个，其他通用泊位 126 个，配套驳船泊位 76 个；生产性泊位中万吨级码头泊位 62 个，生产性锚地 30 个（其中最大锚泊能力 30 万吨），泊位总长度 25.6 公里。

广州港与海上丝绸之路沿线20多个国家有集装箱货物贸易往来，货物对接东南亚、红海、中东、非洲等主要港口达60多个，与“一带一路”沿线国家班轮航线达90条。广州港已发展成为华南最大的非洲航线进出口枢纽港，非洲航线最多、班次最密，对促进中非贸易以及新兴市场经济的发展作出了积极贡献。

四、守望海岸线

改革开放以后，中国沿海和内河开辟了一系列新港口和新港区，建成大型深水专业化码头泊位，港口呈现专业化、大型化、深水化趋势。截至 2018 年底，中国港口拥有生产用码头泊位 23919 个，万吨级以上深水泊位 2444 个。

中国港口发展已形成环渤海港口群、长江三角洲港口群、东南沿海港口群、珠江三角洲港口群、西南沿海港口群，以及长江港口群等 6 大港口群，形成了煤炭、石油、铁矿石、集装箱、粮食、商品汽车、陆岛滚装和旅客运输等 8 个运输系统的布局。内河形成了长江干线、西江航运干线、京杭运河、长江三角洲高等级航道网、珠江三角洲高等级航道网、18 条主要干支流高等级航道和 28 个主要港口的布局。此外，汽车滚装、散粮、邮轮等各类专业化码头建设加快，为经济社会发展作出了突出贡献。中国主要港口的基础设施已经步入世界一流行列，港口建设技术、装卸设备能力和服务效率处于世界前列。共建“一带一路”，给沿海港口建设发展提供重大机遇。国内港口一方面积极“走出去”，扩大对外贸易，参与国外港口的建设与运营；另一方面将腹地向西部延伸，加快国际国内“无水港”的建设。“无水港”的合理规划布局和东西部海铁联运大通道的规划建设愈加重要。

沿海城市经济发展的主要驱动力是港口建设及相应的海上贸易往来。随着世界经济全球化发展，中国沿海各港口群体承担着更大的经济发展压力，与社会经济环境及相应的港口业务的发展变化息息相关。

环渤海港口群由辽宁、津冀和山东沿海港口群组成，服务于我国北方沿海和内陆地区的社会经济发展。沿线亿吨级大港有大连港、天津港、青岛港、秦皇岛港、日照港，占全国沿海亿吨级大港的一半。其中辽宁沿海港口群以大连东北亚国际航运中心和营口港为主，津冀沿海港口群以天津北方国际航运中心和秦皇岛港为主，山东沿海港口群以青岛、烟台、日照港为主。而在中国批准作为“试验田”的 4 个保税港区中，环渤海地区也占有两席——大连大窑湾保税港区和天津东疆保税港区。

长江三角洲港口群依托上海国际航运中心，以上海、宁波舟山、连云港为主，服务于长江三角洲的经济社会发展，是中国各大港口群中发展最快、实力最强的一个，已成为推动全国“经济列车”前进的重要引擎。上海港、宁波舟山港作为长三角港口群的代表，成为长三角经济发展乃至全国经济发展的核心和重要支撑。

东南沿海港口群以厦门、福州港为主，包括泉州、莆田、漳州等港口组成，服务于福建和江西等内陆省份部分地区的经济社会发展和对台“三通”的需要。港口的发展带动了临港工业的布局，满足了福建对外贸易的需求，保障了海峡两岸的经贸交流。

珠江三角洲港口群由粤东和珠江三角洲地区港口组成。该地区港口群依托香港地区经济、贸易、金融、信息和国际航运中心的优势，在巩固香港地区国际航运中心地位的同时，以广州、深圳、珠海、汕头港为主，相应发展汕尾、惠州、虎门、茂名、阳江等港口，加强广东省和内陆地区与港澳地区的交流。以港口为中心的现代物流业，已成为珠三角港口群所在城市的重要支柱产业之一，对于该地区综合实力的提升、综合运输网的完善等发挥着越来越重要的作用。

在中国大陆沿海港口群中，西南沿海港口群特色鲜明，以湛江、防城、海口港为主，相应发展北海、钦州、洋浦、三亚等港口。由于背靠腹地、资源富集、发展潜力巨大的广西、贵州、云南、四川、重庆、西藏等省区市，同时面向东盟经济圈，港口在助推中国西部崛起，为海南省扩大与岛外的物资交流提供运输保障，已成为中国与东盟开展经济贸易交流的“黄金通道”。

长江港口群是长江经济带建设的重要支撑力量。根据《长江经济带综合立体交通走廊规划》，将建成横贯东西、沟通南北、通江达海、便捷高效的长江经济带综合立体交通走廊，形成以上海国际航运中心为龙头、长江干线为骨干、干支流网络衔接、集疏运体系完善的长江黄金水道。根据沿长江各主要港口的资源禀赋，长江沿线港口基本形成了下游以南京港为中心、中游以武汉港为中心、上游以重庆港为中心的“一线三点”的空间格局。

后　记

中国港口建设技术体系的形成离不开对世界先进技术的学习，中国港口也是在和世界港口的互动中发展起来的。中国港口建设者建成了世界领先的港口，对港口进行航道、港池的维护疏浚，也为东南亚、南亚、中东、非洲、美洲建设了一百多个深水码头，为世界提供了 80% 以上的集装箱起重机，遍及近百个国家和地区。

2013 年，中国国家主席习近平提出共建“丝绸之路经济带”和“21 世纪海上丝绸之路”倡议，得到国际社会的高度关注和有关国家的积极响应。共建“一带一路”倡议借用古丝绸之路的历史符号，融入了新的时代内涵，既是维护开放型世界经济体系，实现多元、自主、平衡和可持续发展的中国方案；也是深化区域合作，加强文明交流互鉴，维护世界和平稳定的中国主张。“一带一路”建设的核心内容是促进基础设施建设和互联互通，对接各国政策和发展战略，深化务实合作，促进协调联动发展，实现共同繁荣。港口建设是“海上丝绸之路”的基础，已经写入《第二届“一带一路”国际合作高峰论坛圆桌峰会联合公报》：“我们认识到交通基础设施是互联互通的基础之一。我们鼓励各国通过发展相互兼容和复合型的交通等措施，开发相互兼容的基础设施，增强各国在空中、陆地和海上的联通。我们认识到开发跨区域交通和物流通道的重要性，包括建设联通中亚和高加索、欧洲、非洲、南亚、东南亚以及太平洋地区的通道以促进交通和交流。”

在这个伟大构想中，中国港口建设者贡献了智慧与勤劳。中国港口建设者参与了一大批港口的建设，所有这些，成为世界互联互通的基础。

习近平总书记指出，工程科技与人类生存息息相关；回顾人类文明历史，人类生存与社会生产力发展水平密切相关，而社会生产力发展的一个重要源头就是工程科技；工程科技是改变世界的重要力量，它源于生活需要，又归于生活之中。从现实来看，发展中国家对基础设施普遍存在较大提升空间，发展中国家社会和人民对基础设施建设有着渴望和巨大需求，中国企业在建设国家基础设施过程中形成了世界领先的系统性供给优势，“一带一路”倡议正在打通巨大需求和强劲供给。中国港口建设者通过港口投资建设帮助所在国打开门户，联通世界，促进发展，我们可以称之为“发展港”；通过投资建设一批新城新区产业园工业区，带动投资就业置业，实现生活发展水平整体提升，我们可以称之为“幸福城”。这就是中国港口建设服务国家发展、服务美好生活的生动实践。

本书作者团队

2021年12月

图书在版编目（CIP）数据

经略陆海：中国港口 / 米金升，李群，赵妮娜编
. — 北京：外文出版社，2021.12
（辉煌中国）
ISBN 978-7-119-12919-8

Ⅰ．①经… Ⅱ．①米… ②李… ③赵… Ⅲ．①港口经济
－经济发展－研究－中国 Ⅳ．① F552.3

中国版本图书馆 CIP 数据核字 (2021) 第 238535 号

出版指导：陆彩荣
出版统筹：胡开敏
责任编辑：熊冰頔
图片来源：《交通建设报》
装帧设计：北京正视文化艺术有限责任公司
印刷监制：章云天

经略陆海：中国港口

米金升 李群 赵妮娜 编

出 版 人：胡开敏
出版发行：外文出版社有限责任公司
地 址：中国北京西城区百万庄大街 24 号 邮政编码：100037
网 址：http://www.flp.com.cn 电子邮箱：flp@cipg.org.cn
电 话：008610-68320579（总编室）
008610-68996144（编辑部）
008610-68995852（发行部）
印 刷：北京盛通印刷股份有限公司
开 本：710mm × 1000mm 1/16
字 数：130 千字 印 张：11.5
装 别：平装
版 次：2021 年 12 月第 1 版第 1 次印刷
书 号：ISBN 978-7-119-12919-8
定 价：68.00 元